Reflexiones De Un Hombre II
EL VIAJE COMIENZA CONTIGO

MR. AMARI SOUL

Reflexiones De Un Hombre II

EL VIAJE COMIENZA CONTIGO

Black Castle Media Group, Inc.

Reflexiones De Un Hombre II, Copyright ©2021 Mr. Amari Soul. Todos los derechos reservados. Impreso en los Estados Unidos de América. Ninguna parte de este libro puede ser usada reproducida de ninguna manera sin el permiso por escrito, excepto en casos que contengan breves citas incluidas en artículos críticos y revisiones. Para obtener información adicional, diríjase a Black Castle Media Group 3727 West Magnolia Blvd. # 310, Burbank, CA 91505.

Los libros de Black Castle Media Group pueden ser comprados para uso educativo, comercial o promoción de ventas.
Para obtener información, envíe un correo electrónico a contact@blackcastlemediagroup.com

www.blackcastlemediagroup.com

Primera edición
Diseño de portada por: BCMG, Inc.
Fotografía de portada por: Brandon Harris
Se han solicitado los datos de catalogación en publicación de la Biblioteca del Congreso.
Versión de pasta blanda (Español) ISBN 978-1-7338546-4-1
Versión Kindle (Español) ISBN 978-1-7338546-6-5
Versión EPUB (Español) ISBN 978-1-7338546-7-2
Versión Audio (Español) ISBN 978-1-7338546-8-9

Este libro está dedicado a ti,
la Mujer Fuerte y Hermosa.

CONTENIDO

INTRODUCCIÓN 1

CAPITULOS
PARTE I - PARA TI

ATRAPADO 9
LA DECISIÓN 19
NO MÁS DE TU ESPACIO 29
DEJANDO IR EL DOLOR 43
SUPERANDO LA DUDA Y LA CULPA 53
NUNCA DIGAS QUE ESTÁS ROTA 63
EL MIEDO A UN NUEVO AMOR 71
RESPIRA 81
TODAVÍA ERES HERMOSA ...
TODAVÍA ERES FUERTE 87
LA BUENA MUJER. 101
CONOCER LA DIFERENCIA 109
RECUERDA ESTO 115

CAPITULOS
PARTE II - PARA ÉL

UN TIEMPO PARA REFLEXIONAR	131
UN NUEVO NIVEL DE ENTENDIMIENTO	139
EXPRÉSATE	151

PARTE III - PARA AMBOS

HACER QUE FUNCIONE II	161
MOMENTOS ÍNTIMOS	171

PARTE IV - MI CAPÍTULO FINAL

DESNUDO	181
RECONOCIMIENTOS	195

www.mramarisoul.com
www.facebook.com/mr.amarisoul-Español
www.instagram.com/mr.amarisoulespañol
www.pinterest.com/mramarisoul-Español
TikTok - @mr.amarisoulespañol

Introducción

*Si el Hombre Equivocado fuera honesto,
esto es lo que te diría...*

INTRODUCCIÓN

¿Mis Intenciones?

¿Cuáles son mis intenciones?
Quiero decir, estamos bien y todo,
pero no estoy tratando de estar
contigo para siempre.
Para mí, todo esto es temporal
pero no lo voy a decir.
Dices que quieres conocer mis intenciones... ¿en serio?
No creo que quieras conocerlas,
porque si realmente supieras,
te dolería el estómago el saber
que de verdad no me importas.
Me importa que me dejes conducir tu automóvil.
Me importa que me des la mitad de tu cheque;
Me importa que tengamos sexo increíble y todo eso
es genial. Pero, para ser sincero,
si todo eso se terminara hoy...
Te dejaría y estaría con alguien nueva.

Te Manipularé Con Cumplidos

*Solo te hago cumplidos para conseguir
que bajes la guardia;
Yo necesito tiempo...
Tiempo para llenar tu cabeza con todas las cosas
que quieres escuchar.
Nunca te amaré, pero actuaré como si te amara
solo el tiempo suficiente como para
obtener todo lo que quiero de ti,
En el fondo sabes que soy el equivocado para ti,
pero mis palabras y mis actos son tan fuertes
que ignoras tu intuición, incluso cuando me equivoco.
Ahora te tengo justo donde necesito que estés...
ignorando lo que sabes que es mejor para ti
e inventando pretextos por mí.*

Mi Motivo Oculto

*El motivo por el que te hablo en forma
condescendiente, y te menosprecio constantemente es
porque estoy emocionalmente inseguro
y espiritualmente roto.
Sé que mereces algo mejor y temo que algún día
te darás cuenta de esto y me dejarás.
Sé que nunca podré cumplir con tus estándares, así que
continuaré golpeándote mental y emocionalmente con
la esperanza de que
pueda derribarte a mi nivel.
Entonces, comenzarás a pensar que
no puedes hacerlo mejor.
Incluso cuando te trato tan mal que finalmente
reúnes el coraje para irte,
pero tus nuevas inseguridades siempre te llevarán
de vuelta a mí.*

¿Qué... No Confías En Mí?

Cada vez que estás cerca de atraparme,
utilizo mi línea de juego mental favorita en ti:
"¿Qué... no confías en mí?
Quieres mirar mi teléfono... ¿Para qué?
Estás invadiendo mi privacidad",
al menos eso es lo que quiero que pienses.
Verás, no se trata de mi espacio personal o privacidad,
se trata de todas estas fotos y números de teléfono que he
estado coleccionando por un tiempo, y sé que si pudieras
algún día averiguar mi contraseña, esto se acabaría.
Así que empiezo con el viejo dicho,
¿Qué... no confías en mí? Entonces, me enojo y
empiezo a señalar el dedo hacia ti para quitarme la
atención de encima y ponerla toda sobre ti.
Así que deberías saber que cada vez que te acerques,
Voy a decir: "¿Qué... no confías en mí?".
Eso deberá ponerte de nuevo en tu lugar.

INTRODUCCIÓN

La Verdad Es...

*Estoy roto y no puedes arreglarme.
No importa cuánto lo intentes...
No importa cuántos cambios te hagas a
ti misma para apaciguarme.
Al final, todavía estaré roto, y si no tienes cuidado...*

¡TE ROMPERÉ A TI TAMBIÉN!

¿Ahora tengo tu atención?

Parte 1
Para Ti

CAPÍTULO
Uno
ATRAPADA

Escucho tu llanto...
Desde atrás de sus muros invisibles de silencio,
Escucho tu llanto
Cierro los ojos y veo a través de los tuyos,
y mientras miramos al mundo desde puertas cerradas...
Escucho tu llanto.

Perdida En La Sombra Del Hombre Equivocado

*"Cuando has estado en una relación
durante tanto tiempo y has jugado el papel de apoyo
a los sueños y ambiciones del Hombre Equivocado a
costa de tus propios sueños, te empiezas a sentir como si
no pudieras sobrevivir sin él.... como que,
sin él, no eres nada".*

El Hombre Equivocado en tu vida conoce estos sentimientos demasiado bien. ¿Por qué? Porque a menudo son sus palabras y sus acciones las que actúan como los plantadores de las semillas. A medida que las semillas de la duda comienzan a crecer, tú empiezas a cuestionar tu propio propósito en la vida e incluso te preguntas si acaso tienes o no la capacidad de sobresalir por ti misma. A menudo te encuentras preguntándote "¿Y si yo me voy? ¿A dónde iré? ¿Qué voy a hacer? ¿Qué tal si él tiene razón y sin él realmente no soy nada... ¿Qué tal si…?".

Mi querida Mujer Fuerte y Hermosa... Respira. Aunque pueda parecer que estás atrapada, sin ninguna salida, tú siempre tienes opciones. Puede que no sean fácil, sin embargo, todavía tienes el poder de liberarte de su control. Examina en las profundidades de quién eres y encuentra esa fuerza que descansa dentro de ti. Donde hay voluntad, siempre hay un camino. Nunca es demasiado tarde.

Su Saco De Boxeo Emocional

"Ser fuerte no significa que tengas que continuar aguantando la falta de respeto y el abuso del Hombre Equivocado día tras día y noche tras noche. ¿Quién dice que el papel de una Buena Mujer es ser el saco de boxeo emocional para el Hombre Equivocado?".

Solo el Hombre Equivocado te vería de manera tan distorsionada. Para que él saque sus frustraciones emocionales en ti no es un signo de amor verdadero, es una muestra de su falta de amor y respeto por ti, y hacia sí mismo.

Mi querida Mujer Fuerte y Hermosa, si alguna vez sientes que esto es en lo que se ha convertido tu relación, solo debes saber... esto no es amor; y este no es tu destino. No importa lo que él diga, este no es tu papel.

Tú Mereces Algo Mejor

*"Algunas de ustedes se sienten desesperadas...
como si no hubiera manera de salir de tu situación actual.
Es como si mientras más buscas una salida,
más desesperante parece.
Incluso has pensado que tal vez...
esto es todo lo que te mereces".*

Este es el tipo de relación que te hace que te quebrantes y llores en medio del día o la noche, por lo que parece no tener ninguna razón... Es el tipo de relación donde sus palabras y sus acciones te han hecho sentir tan insegura contigo misma que comienzas a dudar de tu propio valor. Te encuentras caminando hacia el espejo con tu cabeza baja... con temor de mirar hacía arriba por miedo a lo que puedas ver.

Mi querida Mujer Fuerte y Hermosa, nunca dudes de tu valor. El problema no es que merezcas menos, el problema es que has estado dispuesta a conformarte con menos de lo que te mereces. Esto significa que, si quieres que las cosas cambien, tienes que comenzar contigo. Como Buena Mujer, ya no está bien que aceptes menos de lo que tú necesitas en tu relación, ambos espiritual como emocionalmente. ¡No más excusas por él! Ya no bajarás tus estándares solo porque es lo más fácil de hacer porque tienes miedo de la posibilidad de estar ¡sola! Recuerda, estar sola no te romperá el corazón, sentirte sola en una relación y conformarte con un hombre que no te valora si lo hará.

La Pregunta Que Has Tenido Miedo De Hacer

*¿Por qué te aferras tanto a alguien que
te dejaría ir en un abrir y cerrar de ojos?
Alguien que ni siquiera te respeta lo suficiente como para
llegar contigo a casa por la noche. ¿Por qué?
¿Acaso tienes miedo de estar sola?
Sin darte cuenta que ahora mismo, cada noche estás sola
en tu propia casa porque ese hombre es
completamente equivocado para ti. ¿Por qué?
¿Será el paso del reloj?
¿Acaso tienes miedo de que esta pueda ser tu última
oportunidad en el amor antes de que se detenga
el paso del reloj?
Mi querida Mujer Fuerte y Hermosa... Deja ir tu miedo
y deja de contar los años
porque Dios es eterno. Y como Dios es amor,
solo sé que no son los años,
pero tus propios temores los que te limitan.*

"Él" Entonces, "Él" Ahora

*No siempre es la realidad de quién "ES" él ahora
lo que te mantiene aguantando.
A veces, son todos los recuerdos de quién "ERA" o
quien él "AFIRMÓ SER" al principio
y tu esperanza, de que algún día ese hombre reaparezca y
de alguna manera cambie las cosas
a la forma en que solían ser...
Eso es lo que te mantiene.*

Atrapada En Tu Propia Mente

"A veces, no es él... Eres tú".

Algunas veces, es el Hombre Equivocado y sus manipulaciones que hacen que te sientas atrapada en una relación poco saludable. A veces, es su abuso físico, mental y/o emocional. Pero otras veces, no es ninguna de esas cosas... Eres tú. Eres tú aferrándote tanto a los recuerdos del pasado que comienzas a ver las cosas como "eran" y no como "son". En tu mente, en cierto sentido, te has atrapado en una relación en la que él ya ha dejado ir. Todo el dolor que sientes, la presión en el pecho, la ansiedad que aparece sin saber de dónde viene… todo esto porque todavía te estás aferrando a algo que ya no existe.

En este caso, no es para nada él quien te retiene prisionera... eres tú.

Solo Tú Tienes La Llave

"La llave que te pone en libertad está dentro de ti".

Solo tú tienes la llave que verdaderamente te liberará. No te diré que será fácil porque no lo será. No te diré que el dolor desaparecerá repentinamente porque no lo hará. Te diré que nada cambiará hasta que tú decidas cambiarlo; nada va a mejorar hasta que tú decidas dejar de aceptar menos de lo que te mereces. Nadie va a llegar y tomar esa decisión por ti. La decisión es tuya y sola tuya.

Rezo para que encuentres la fuerza y el coraje para que hagas lo que tú sabes en tu corazón que es lo mejor para tu propia felicidad, cordura y paz mental.

CAPÍTULO
Dos
LA DECISIÓN

Tú tienes que saber lo que quieres...
¿Quieres seguir allí, o quieres salir?
¿Quieres aferrarte o quieres dejar ir?
¿Qué es lo que tu realmente quieres?

La Batalla En Tu Interior

¿Por qué elegirías quedarte?
¿Será porque tu corazón te dice que es lo correcto,
incluso cuando tu mente sabe que eso
simplemente no es cierto?
¿Por qué elegirías quedarte cuando te duele
el corazón de todo el dolor?
¿Por qué elegirías quedarte cuando en el fondo sabes
que él es el Hombre Equivocado para ti
y que las cosas nunca cambiarán... ¿Por qué?
¿Es amor?
¿O es esperanza?
¿Es una combinación de ambos lo que te hace
desechar todo el sentido común y sigues tratando
de aferrarte a alguien que
ya te ha dejado ir... ¿Por qué?

Nunca Es Realmente Así De Fácil

*Algunas personas pueden decir:
"Deberías superarlo y seguir adelante"
como si fuera tan fácil.
Tal vez no entienden lo que es
Intentar darlo todo con todo lo que tienes...
entregarle el corazón a alguien y ser forzada
a tomar una decisión:
"¿Me voy o me quedo?".
Tal vez nunca lo han puesto todo en el fuego porque
de haberlo hecho, lo sabrían...
Nunca es realmente así de fácil.*

Que Él Cambie No Siempre Hará Que Cambien Las Cosas

"Cuando has lidiado con tonterías por tanto tiempo,
y el daño ya está hecho, la pregunta
ya no es si el cambie o no,
la pregunta que ahora debes hacerte es:
incluso si él cambiara... ¿podrías sentir lo mismo?".

A veces, las cosas se han puesto tan mal que son casi imposibles de arreglar. Tu podrías pedirle que cambie, y él podría comenzar a hacer exactamente lo que quieres que haga, pero si la relación ha sufrido demasiado daño, la relación aún no se sentirá bien para ti.

Mis pensamientos... si te ha lastimado demasiado hasta el punto dónde has comenzado a sentir un profundo resentimiento hacia él, antes de pedirle a él que lo arregle, hazte esta pregunta: Si el cambiara hoy y comenzara a hacer todo bien, ¿cambiaría cómo te sientes?

Si así fuera, entonces tal vez podrías intentarlo. Si no cambiaría tu forma de sentir, déjalo ir. ¿Por qué? Porque no importa lo que haga, no importa cuánto lo intente, nunca será suficiente para ti. El daño ya se ha hecho.

El Miedo A Estar Sola

"Algunas de ustedes están aferrándose, no porque vale la pena aferrarse a él, sino porque tienes miedo de lo que sucedería si lo dejas ir".

LA DECISIÓN

Para algunas de ustedes, no es el amor lo que te tiene aferrándote, es el miedo... el miedo de estar sola y no poder encontrar otra persona si decides irte. Son todas esas preguntas de "qué pasaría si" las que se repiten una y otra vez en tu cabeza: "¿Qué pasa si tomo la decisión incorrecta? ¿Qué pasa si está a punto de cambiar y todo lo que él necesita es un poco más de tiempo? ¿Qué pasa si lo que dice realmente es cierto... que ningún otro hombre me querrá? ¿Entonces qué haré? No tendré nada".

Mi querida Mujer Fuerte y Hermosa, el miedo es una fuerza poderosa, pero tú eres más fuerte. Sé que a veces puede parecer abrumador, pero no te sometas a él. Si decides quedarte, que sea porque sientes que es lo mejor para ti. No te quedes simplemente porque tienes miedo de estar sola.

Si, por otro lado, sientes que quedarte solamente empeoraría las cosas e irte es verdaderamente la mejor decisión que puedas tomar, tienes que ser lo suficientemente fuerte como para decir, "¡No! Me rehúso a quedarme y dejar que mis miedos me sentencien a toda una vida de miseria. Hoy... ¡hago lo que es mejor para mí!".

Yo No Te Culpo

*No te culpo por no querer irte de
algo que has pasado años de tu vida
tratando de mantener unido.
No te culpo por querer darle solo una oportunidad más
con la esperanza de que esta vez, todo será diferente.
Yo no te culpo.
No te culpo por querer luchar todos los días para
salvarlo. No te culpo por querer decir
que hiciste todo lo que pudiste hacer hasta que
ya no te quedo nada más que hacer que irte...
Yo no te culpo.*

Irte nunca es fácil. Solo debes saber que una vez que te has dado cuenta de que se acabó y has hecho todo lo que está a tu alcance hasta el punto de estar agotada para hacer que funcione y él todavía se rehúsa a trabajar contigo, déjalo ir. ¿Por qué? Porque cuanto más tiempo esperes, más difícil se vuelve. Cuanto más difícil se vuelve, más te va a doler.

NOTAS:

A continuación, me gustaría que hagas una lista de los cinco motivos principales por qué sientes que quedarte con el Hombre Equivocado es lo mejor para ti. Sé honesta contigo misma sobre el estado actual de tu relación, cómo te sientes emocional y espiritualmente al respecto y la dirección que tu sientes que está tomando ahora.

_____

_____

_____

_____

Ahora, me gustaría que hagas una lista de los cinco motivos principales porque sientes que dejar ir es lo mejor para ti. Recuerda, que es importante que seas honesta. Este es tu libro; estas son tus páginas. Aquí está tu oportunidad de ponerlo todo en frente de tus ojos para verlo. Escribe tus pensamientos y mira honestamente en dónde estás.

_____

_____

_____

_____

_____

_____

Y ahora...
Tu decisión: _____

CAPÍTULO *Tres*
NO MÁS DE TU ESPACIO

*Cuando saliste por la puerta,
el Hombre Equivocado gritó:
"¡Nunca encontrarás a otro hombre que
te trate como yo!". Él no se dio cuenta de que eso era
exactamente lo que tu esperabas…
Nunca conocer a otro hombre que te
"Maltrate" como él lo hizo.*

Rompiendo El Ciclo

Durante tantos años, nada cambió.
Lo mencionaste una y otra vez y aun así...
nada cambió.
Finalmente, tú dijiste "BASTA" y te fuiste.

Un mes después volvió a ti y te dijo: "He cambiado". Le diste una segunda oportunidad, y ahora, varios meses después, él ha regresado a sus viejas costumbres. ¿Qué haces ahora? ¿Acaso te quedas y, si es así, por cuánto tiempo? ¿Un mes? ¿Dos meses? ¿Cinco años? ¿Cuánto tiempo estás dispuesta a mantener el ciclo antes de que finalmente digas: "¡NO MÁS!".

Mis pensamientos... no hay nada de malo en darle a alguien una segunda oportunidad; sin embargo, si esa segunda oportunidad comienza a parecerse mucho a una segunda ronda de las mismas viejas costumbres… déjalo ir. ¿Por qué? Porque el ciclo no se detendrá por sí solo, tienes que ser tú quien lo pare.

Quemando Los Puentes Emocionales

"A veces tienes que quemar esos puentes emocionales para protegerte de que el Hombre Equivocado no se acerque a ti y que tú no vuelvas a acercarte a él. Cuando haces eso, te dejas solo una sola opción... seguir adelante".

Si te aferras a las cosas que los conectan emocionalmente, será más difícil para ti seguir adelante. En tu mente, siempre hay un pequeño espacio que todavía le pertenece a él.

Tienes que quitar ese espacio y quemar ese puente para siempre. Si eso significa devolver los regalos que te dio, entonces devuélvelos. Si eso significa no ir a ciertos lugares que te recuerden a él, por lo menos hasta que completamente lo superes, entonces deja de ir a esos lugares. Si eso significa cambiar tu número o bloquear el suyo... lo que sea necesario para quemar esos puentes, hazlo. Si no lo haces, el proceso se hace mucho más largo y mucho más difícil.

Cierra La Puerta Detrás De Ti

No toleres tonterías de un "Ex".
Él ya es tu "Ex"...
Técnicamente, ¡todos sus derechos y privilegios a tu tiempo y espacio emocional han sido revocados!

Si el Hombre Equivocado te llama hoy, no respondas. Si llega a verte, no abras la puerta. Si te envía un mensaje, no lo leas, bórralo. Por favor entiende que él no está tratando de hacer tu día... él está tratando de arruinarlo.

En ninguna parte está escrito que tú tienes que responder cuando él llama. Una vez que has determinado que él no es bueno para ti y has tomado la decisión de dejarlo ir, no le des más de tu espacio físico, mental o emocional.

Cuando se corta su acceso, se reduce su capacidad de pasar por tus defensas. Cuanto más acceso le des, mayores son sus posibilidades.

Recuerda, si no le das la oportunidad para entrar a tu espacio, no puede entrar en tu cabeza. Si él no puede entrar de nuevo a tu cabeza, nunca podrá romper tu corazón otra vez.

Dejar De Acosar

Deja de preocuparte por si tu "ex"
está feliz o no en su nueva relación.

Deja de revisar sus cuentas de redes sociales. ¿Por qué? Porque en este punto, no debería importarte cómo le va. ¿Qué pasa si el sí es feliz? ¿Acaso eso cambia cómo te hizo sentir? Acaso cambia el hecho de que tú todavía sientes las cicatrices emocionales de darle todo lo que tenías a un hombre que al final te descuidó, te faltó el respeto y le importó muy poco tu bienestar emocional? ¿Acaso cambia? O mejor aún, ¿qué tal si es infeliz? ¿Acaso eso te haría feliz?

Mis pensamientos... nunca encontrarás la verdadera felicidad para ti misma buscándola en la miseria de otra persona... Déjalo ir. Si él es feliz ahora, qué bueno para él. Ahora es tu tiempo para concentrarte en "Ti" y en lo que es realmente mejor para "Ti".

Pero, Yo Realmente Lo Extraño

Dices: "Pero, yo realmente lo extraño".
Mmm... ¿lo extrañas? ¿Qué hay de él que extrañas?
¿Acaso son todas las promesas que nunca cumplió?
¿O es todo el tiempo que pasó contigo al principio,
pero dejó de pasar contigo al final?
Tal vez son las mentiras, tal vez sea el engaño.
Mi querida Mujer Fuerte y Hermosa...
¿Qué es lo que tu realmente extrañas?
¿Es el hombre que "es él"
o es el hombre "que tu querías que él fuera?".

La Soledad No Es Un Motivo

"Algunas de ustedes están considerando regresar con el Hombre Equivocado, no porque merezca una segunda oportunidad, pero porque la soledad te ha hecho olvidar por qué te fuiste en primer lugar".

No olvides por qué te fuiste. No olvides cómo le diste muchas oportunidades. No olvides cómo se rompieron muchas promesas. No olvides cómo te sentiste en el momento en que finalmente decidiste: "¡Que fue suficiente!". Si la soledad te ha hecho olvidar, déjame recordarte: ¡Has llegado demasiado lejos y has trabajado muy duro para salir de una mala situación como para dejar que la soledad te arroje de nuevo al fuego!

Tu "Ex" Podría Arruinarlo Todo

Tu "Ex" podría arruinar cualquier posibilidad de que
tu sigas adelante si lo dejas.
Él sonreirá y dirá todas las cosas que quieres escuchar,
pero ten cuidado... no siempre es el amor
lo que lo trae de vuelta.
A veces, simplemente no quiere verte feliz
con alguien más.

Mis pensamiento... si finalmente has superado la angustia y has encontrado la fuerza y el coraje para seguir adelante, piensa mucho antes de permitir que tu "Ex" vuelva a tu vida. Si decides bajar la guardia, corres el riesgo de perderlo todo.

La Disculpa Que Quizá Nunca Llegue

*"Algunas de ustedes todavía están esperando...
esperando la disculpa que tal vez nunca llegará...
Esperando el momento en que finalmente se dé cuenta
de que perdió algo bueno cuando te perdió a ti.
Algunas de ustedes todavía están esperando,
pero, ¿para qué... por el cierre?".*

Mientras aún te importe lo que él diga o lo que piense, todavía te importa; no puedes separar los dos.

Cuando llegues al punto en el que puedas tomar la decisión de cerrar esa puerta con o sin la disculpa, es entonces cuando sabes que realmente has avanzado adelante. Hasta entonces, él todavía tiene control sobre ti.

La Oportunidad Que Tal Vez Nunca Tendrás

A veces, no se trata de lo que necesitabas escuchar de él. A veces, se trata de lo que el necesitaba escuchar de ti.
Todos esos años trataste de hablar, pero "él" te interrumpía y se negó a escuchar.
Todos esos años que terminó tus frases por ti y se apresuró a decirte a "ti" cómo "tú" te sentías en lugar de simplemente permitir que "Tú" te expresaras.
Si solo hubiera sabido lo sencillo que era la solución en ese entonces, tal vez podría haber sido arreglado.
Tal vez no hubiera existido esa distancia; tal vez no habría habido tanto dolor, tanta frustración y resentimiento....
Solo quizás las cosas habrían sido muy diferentes si él simplemente se hubiera tomado el tiempo para escuchar.

Algunas de ustedes están en este punto ahora... Todavía tienes la esperanza del día en que finalmente tengas la oportunidad de decirle exactamente cómo te sientes.... para poder expresarle todas las cosas que has mantenido embotelladas adentro porque no eras capaz de decírselas antes. Y ahora, cuando él llama, en lugar de ignorar la llamada, eliges contestar esperando que este sea ese momento.

Mi querida Mujer Fuerte y Hermosa, es posible que nunca tengas esa oportunidad. La oportunidad para que le expreses todas las cosas que has llevado en el corazón todo este tiempo, esa oportunidad puede que nunca llegue. Y tienes que estar bien con eso. Tienes que estar dispuesta a aceptarlo y seguir adelante. ¿Es frustrante? Sí, pero solo debes saber que mientras más tiempo lleves esas cosas por dentro, más son las oportunidades que le darás de seguir regresando a tu vida para hacerte daño otra vez. Hoy es el día en que cierras esa puerta para siempre.

NOTAS:

En las siguientes páginas, quiero que escribas todas las cosas que quieres decirle. Llora si lo necesitas ... grita si tienes que hacerlo, pero sácalo todo de tu sistema ahora mismo. Cuando hayas terminado, da vuelta a la página y déjalo ir.

_____

_____

_____

_____

_____

_____

_____

_____

CAPÍTULO
Cuatro

DEJAR IR EL DOLOR

¿Quién Conoce?

¿Quién conoce tu dolor?
¿Quién conoce lo que se siente el dar todo
lo que tienes al tratar de hacerlo funcionar
solo para obtener nada más que mentiras a cambio?
¿Quién conoce lo que se siente tener ese nudo
en el fondo del estómago?
Tú conoces ese nudo que viene en ese mismo momento
cuando finalmente te das cuenta de que
tus peores temores se han hecho realidad.
Dime, quién conoce el verdadero dolor y la verdadera
pena del pasado de una Buena Mujer...
Quién conoce, sino tú.

No Puedes Guardarlo Dentro De Ti Para Siempre

No puedes guardarlo para siempre:
Esa sonrisa forzada que se ve tan genuina hasta
que las lágrimas comienzan a salir,
la opresión en tu garganta
que hace que sea difícil tragar...
No puedes guardarlo para siempre.
Todas tus decepciones pasadas, las angustias, y el
sentir que sin importar cuánto lo intentes,
las cosas siempre terminarán de la misma manera...
No puedes guardarlo para siempre.
Usas el maquillaje como un disfraz
y piensas que debido a que es a prueba de agua
no se darán cuenta de que has estado llorando.
No puedes guardarlo para siempre.
A veces, solo tienes que dejar salir todo.

Conversaciones Del Corazón

Dices: "He perdido mucho...
Todavía tengo el corazón roto y tengo miedo.
No sé si alguna vez pueda aprender
a amar y confiar de nuevo".

Mi querida Mujer Fuerte y Hermosa, no se trata de si "aprendes" a amar y confiar de nuevo, se trata de si estás o no dispuesta a permitir que el Hombre Equivocado de tu pasado te impida amar y confiar de nuevo. No sigas dándole ese poder sobre ti, tú tienes el control.

Fuerza Versus Coraje

*"Cuando se trata de dolor, no se trata de tener
la fuerza para mantenerlo.
Se trata de que tengas el coraje de enfrentarlo,
aprender de él y de finalmente tomar la decisión
de dejarlo ir".*

Recuerda esto: El dolor no se hizo para llevarlo en tu corazón para siempre. Aferrarse a él no te hará más fuerte ni ignorarlo hará que desaparezca mágicamente. Tu tienes que tomar la decisión de enfrentarlo, reconocerlo, superarlo y finalmente dejarlo ir. Hasta que no hagas eso, no podrás realmente seguir adelante.

Cambio De Perspectiva

Veamos esto desde una perspectiva diferente.
Tal vez no sea tanto la parte de dejarlo ir lo que duele.
Quizá lo que más te duele es que
intentas aferrarte a alguien que ya
decidió dejarte ir... tal vez eso es.
Si cambias tu perspectiva, puedes ver
que es el aferrarte lo que te causa el dolor,
no el dejarlo ir.
Dejarlo ir puede ser lo único que finalmente te
libera a "Ti" del dolor.

Alguna Vez Te Has Preguntado...

*Alguna vez te has preguntado ¿qué pasaría si
decidieras ahora mismo dejarlo ir...
dejar ir toda la frustración acumulada,
todo el daño y todo el dolor?
¿Qué pasaría si ahora mismo decidieras,
"ya terminé de aferrarme a lo que pesa tanto
en mi alma?".
Solo imagínate cómo se vería el mañana si
Hoy solo decidieras...
Verdaderamente dejarlo ir todo.*

Tú Eres A Quien Has Estado Esperando

No hay remedios mágicos, ni hay una persona mística
que va a entrar a tu vida y eliminar
ese dolor por ti... Tú eres a quien has estado esperando.

Muchas de ustedes han permanecido en esta posición de seguir lastimadas por tanto tiempo porque estás subconscientemente esperando que una fuerza externa entre y elimine mágicamente ese dolor de tu corazón. Algunas de ustedes incluso creen que un día el Hombre Correcto para ti entrará a tu vida y quitará ese dolor. La verdad es que no habrá una fuerza mágica externa, ni habrá un hombre que entre a tu vida a quitar ese dolor por ti. Un Buen Hombre puede ayudar a reducir el dolor, pero finalmente, si no lo enfrentas, ese dolor comenzará a pesarles a ambos.

Al final, terminarás sola de nuevo, llevando el mismo dolor y la única diferencia será que ahora también lo culparás a él. No porque él causó el dolor, sino porque en tu mente lo encontrarás parcialmente responsable de no ser capaz de eliminarlo

Mis Pensamientos... el dolor no se irá a ninguna parte hasta que decidas enfrentarlo y pasar por el proceso doloroso de eliminarlo. Eso ahora depende de ti. Aquellos a tu alrededor pueden apoyarte, podemos animarte, pero tienes que ser tú quien tiene que conectarse a tu esencia espiritual y eliminarlo. Todas las mentiras, todos los abusos, toda la negatividad que se ha plantado... tienes que ser tú quien los arranque y las saque desde la raíz y reemplazar las mentiras con la verdad, la negatividad con pensamientos positivos y los abusos con una perspectiva recién sanada. Tienes que estar dispuesta a pasar por el proceso para llegar al final. Entonces, tienes que estar dispuesta a dejarlo ir todo. Si no lo haces, siempre estará contigo.

Digo esto solo para decir... Deja de mirar externamente y comienza a mirar internamente. La fuerza, el coraje, eso que has estado esperando durante tanto tiempo ya esta dentro de ti. Mi querida Mujer Fuerte y Hermosa... Tú Eres A Quien Has Estado Esperando.

CAPÍTULO *Cinco*
SUPERANDO LA DUDA Y LA CULPA

"Deja de castigarte por tu pasado.
Así que el Hombre Equivocado se coló
a través de tus defensas;
Está bien.
Eso no te hace menos mujer.
Simplemente significa que has vivido la vida,
tanto lo bueno como lo malo, y todavía estás creciendo".

Algunas Veces, Simplemente No Puedes Ganar

*"Cuando es el Hombre Equivocado,
dirá que te estás quejando cuando simplemente
estás tratando de comunicarte.
Cuando dejas de intentar de comunicarte,
él comenzará a quejarse".*

Cuando él es el equivocado, no importa qué es lo que hagas, hará que parezca que siempre tienes la culpa. Es una situación de no ganar para ti. Si intentas comunicarte, dirá que estás "fastidiando". Cuando dejas de intentarlo, comenzará a quejarse de que nunca hablas con él, ¿y cómo se supone que deba saber cómo te sientes?

Mis Pensamientos... no dejes que sus juegos mentales te hagan sentir como si estuvieras equivocada por tratar de comunicar lo que sientes.

Al final, no importa lo que hubieras hecho, en su mente, siempre habrías estado equivocada.

Tiempo De Calidad

Nunca estuviste equivocada por querer pasar
"tiempo de calidad" con tu pareja.
No estabas pidiendo demasiado y no significa
que estabas "necesitada".
Simplemente significa que entiendes el poder del
"tiempo de calidad".
Entiendes que tal vez solo se necesita
tiempo para ayudar a crear el vínculo, pero
se necesitará "tiempo de calidad" para solidificarlo y
ayudar a la relación a crecer.

Una Sola Talla No Se Ajusta A Todas

*"Si dejas ir al Hombre Equivocado y él resulta
ser el Hombre Correcto para la próxima mujer que
conozca, no te enojes, solo porque él es el correcto para
ella no significa que alguna vez hubiera sido
el correcto para ti".*

Damas... ¡hablemos de zapatos! Digamos que usas una talla 8. Ahora, alguien te sorprende con el par de zapatos más bonitos que hayas visto. Todo está perfecto, excepto que hay un pequeño detalle... son talla 7. Ahora, realmente te gustan los zapatos, así que decides usarlos de todos modos. Después de un tiempo, esos zapatos comenzaron a causarte tanto dolor que no puedes soportarlos más y decides devolverlos.

Mientras estás en la tienda, otra mujer entra y toma el mismo par de zapatos. Ella se los prueba y le quedan perfectamente. ¿Por qué? Porque sus pies son talla 7. Entonces ella compra los zapatos y sale de la tienda más feliz que antes. ¿Estás enojada? No, para nada porque sabes que esos zapatos nunca te hubieran quedado. Incluso si ella volviera a la tienda e intentara devolverte el mismo par de zapatos, no los tomarías. ¿Por qué no? Porque te acuerdas de todo el dolor que te causaron esos zapatos y sabes que en algún lugar hay una talla 8 esperándote.

La moraleja de esta historia es… Una talla no se ajusta a todas. No puedes forzar al Hombre Equivocado a ser el Hombre Correcto para ti. Nunca funcionaría. El dolor que te causaría sería insoportable.

No te sientas culpable y no empieces a dudar de ti misma como si de alguna manera fallaste como una Buena Mujer, eso no es. Al final, no puedes insistir en cómo el Hombre Equivocado se ajusta a otra persona; tienes que mantenerte enfocada en cómo se supone que el Hombre Correcto se debe ajustar a ti.

Nunca Fuiste Estúpida

He oído a muchas de ustedes decir que se sintieron
"estúpidas" por quedarse y tratar de hacer que
funcionara, incluso cuando en el fondo dentro de ti
sabías que nunca nada cambiaría.
Mi querida Mujer Fuerte y Hermosa...
nunca fuiste "estúpida".
Estabas enamorada, y el
amor verdadero no es algo de lo que
una buena mujer simplemente se aleja.
¡Ella lucha por él! ¡Llora por él!
Se aferra a él hasta que le quema
en el fondo de su alma.
No... nunca fuiste "estúpida". Eras real
Si alguien era estúpido, era el Hombre Equivocado
quien te perdió ¿Por qué?
Porque quizás el nunca sepa que tan cerca estuvo
de recibir la bendición de toda una vida

No Estás Loca

No estás loca...
No estás loca por querer más de
una relación que solo el título.
No estás loca por esperar ser tratada con
la gentileza que Dios pretendía para ti.
El Hombre Equivocado te dijo que estabas loca porque
era demasiado egoísta, demasiado desconsiderado,
o tal vez tenía demasiado miedo de admitir que
él era el Hombre Equivocado para ti y
que merecías algo mejor.
Cualquiera que sea el caso...
No estás loca.

Algunos Hombres Simplemente No Lo Entienden

*Algunos hombres no escuchan hasta
que no haya nadie más que escuchar.
No pondrán atención hasta que no haya nadie a quien
ponerle atención... A ellos no les importará hasta que
ya no haya nadie más quien le importe.*

¿Qué haces cuando has dado todo lo que tienes y no te queda nada más para dar... después de que lo has intentado e intentado, y has llorado y llorado, y finalmente llega ese día que te das cuenta de que no es así como quieres vivir tu vida? En ese momento, ¿acaso te deberías sentir culpable por alejarte? De ninguna manera. ¿Por qué? Porque al final no puedes hacer que funcione sola; necesitas su ayuda. Puedes amarlo, puedes apoyarlo, puedes hacer todo lo que está en tu poder para hacerlo funcionar, pero si el no está dispuesto a escucharte... si no está dispuesto a dejar de lado su ego y trabajar para comprenderte mejor, si ese hombre no está dispuesto a ponerse de pie y luchar junto a ti para salvarlo, no hay nada más que puedas hacer excepto alejarte. Solo recuerda, cuando finalmente te vayas, no te sientas culpable y no te atrevas a permitir que te haga sentir como si solo tú tuvieras la culpa... algunos hombres simplemente no lo entienden.

Levanta tu cabeza y consuélate sabiendo que hiciste todo lo posible para aguantar hasta que ya no quedó nada a que aferrarse y tu única opción era dejarlo ir.

Descansa Tu Mente

Algunos hombres nunca maduran... Simplemente envejecen.

Recuerda, el nivel de madurez de un hombre y su preparación para el compromiso tiene poco que ver con su edad y más que ver con su mentalidad. Solo porque ahora es mayor, no necesariamente significa que está más listo hoy para una relación seria de lo que él estaba hace 5-10 años.

CAPÍTULO
Seis
NUNCA DIGAS QUE ESTÁS ROTA

*La única persona que puede romperte eres TÚ
cuando dejas de amarte a ti misma.
Mientras no dejes de amarte a ti misma,
nunca podrás estar rota.*

Visión Borrosa

*Algunas de ustedes se ven a sí mismas
como si estuvieran "rotas".
Miras las cicatrices que quedaron por las angustias
de tu pasado, y crees que no eres digna de
amor propio o del amor de un Buen Hombre.
Miras hacia abajo en lugar de hacia arriba,
como si tuvieras algo de qué avergonzarte.*

Mi querida Mujer Fuerte y Hermosa, no me voy a sentar y decirte que seques las lágrimas de tus ojos porque ahora mismo, yo necesito que llores como nunca antes has llorado. Necesito que saques todo de tu sistema para que él no pueda lastimarte más. Pero cuando hayas terminado, necesito que te levantes y te des cuenta de que nunca estuviste rota. Tú solo necesitabas un poco más de tiempo, un poco más de espacio y un poco más de inspiración para seguir adelante.

No Más De Sus Espejos Nublados

*Puede que te haya roto el corazón,
pero nunca te rompió a ti. Él no tiene ese poder.*

Lo que él hizo fue distorsionar tu vista. Piensa en ello como un espejo lleno de vapor. Cuando te paras delante de él, ¿qué ves? No puedes ver realmente mucho, ¿o sí?, pero aun así, sabes que estás parada ahí. Independientemente de lo que alguien diga, sabes que el reflejo distorsionado que ves no es una verdadera representación de ti y de quien realmente eres. Entiendes que hay más de ti que de lo que puedes ver en el espejo durante ese momento.

Bueno, es lo mismo que cuando crees que estás rota. Has estado parada frente a su espejo nublado por tanto tiempo que te ha convencido de que eres lo que te muestra.

Mi querida Mujer Fuerte y Hermosa quita eso que nubla tu vista, y verás que esa Mujer Fuerte y Hermosa todavía está parada ahí, justo en frente de ti. Ella nunca te dejó. Ella te ha estado esperando pacientemente para eliminar la negatividad de tu vida para que puedas ver realmente lo hermosa que eres.

Piedra Dura Y Fría

*"El camino hacia el amor verdadero no
siempre está pavimentado en oro.
A veces, está pavimentado con piedra fría y dura".*

La verdad es que a veces el camino hacia el verdadero amor puede ser feo y si alguna vez te caes en el camino, puede doler demasiado. Solo recuerda que no importa cuánto duela, la caída nunca puede romperte ni puede cambiar tu valor. Todo se reduce a tu percepción. Verás, solo porque has tropezado o te has caído no significa que ahora estás rota ni significa que tu viaje ha terminado. El verdadero amor aún está esperándote. Comprender esto te permitirá mirar hacia tu jornada desde una perspectiva diferente.

Ahora, con un nivel diferente de comprensión, puedes tomar esa misma piedra fría y dura que te lastimó y usarla como un tropiezo para retroceder y seguir adelante.

* * * *

De hoy en adelante, quiero que me prometas a mí, así como a ti misma, que nunca más te referirás a ti misma como "rota". ¿Por qué? Porque cuando lo haces, estás diciéndote a ti y a todas las demás que de alguna manera has perdido tu valor. Piénsalo de esta manera… si yo te ofreciera venderte un artículo a su valor original, pero te dijera que está roto, ¿qué pensarías? Probablemente pensarías "¡De ninguna manera! No estoy pagando el valor original por algo que ya está roto". ¿Ves a dónde voy con esto? Al decir que estás rota, esencialmente estás diciendo lo mismo de ti misma.

Ahora, como resultado, cuando el hombre equivocado no está dispuesto a darte lo que necesitas como Buena Mujer, tanto espiritual como emocionalmente para ser feliz en tu relación, te has condicionado para conformarte. No porque sea lo que mereces, sino porque en tu mente, crees que tu valor ha disminuido tanto que no mereces algo mejor.

Mi querida Mujer Fuerte y Hermosa... Nunca perdiste tu valor. No importa por lo que hayas pasado; no importa lo que el Hombre Equivocado te haya dicho o hecho. ¡Siempre valdrás la pena! Tu valor no es negociable... "¡NUNCA MÁS DIGAS ESTOY ROTA!".

NOTAS:

A continuación, quiero que escribas las 3 razones principales por qué te ves como si estuvieras rota.

Razón #1: _____

Razón #2: _____

Razón #3: _____

Aquí quiero que escribas cómo te sentías en esas áreas antes de que te sintieras como si estuvieras rota.

#1: _____

_____

#2: _____

_____

#3: _____

_____

Ahora, quiero que veas lo que has escrito arriba y entiendas que esas cosas hermosas todavía existen dentro de ti. Las palabras de él y sus acciones puede que te lo hayan suprimido, pero él nunca te las quitó. Él no tiene ese poder.

Necesito que mires en el fondo de tu ser y encuentres a esa Mujer Fuerte y Hermosa otra vez. Tú tienes ese poder... úsalo.

CAPÍTULO
Siete
EL MIEDO DE UN NUEVO AMOR

Protege tu corazón, pero no lo guardes con candado.
Sé cautelosa con un nuevo amor,
pero nunca tengas miedo.

A Veces Me Pregunto

*A veces me pregunto si algunas de ustedes están tratando de
convencerse de que "no hay hombres buenos"
como un mecanismo de defensa contra a ser decepcionada...
Como por si lo echa a perder, no dolerá tanto porque
realmente nunca creíste que las cosas saldrían
bien en primer lugar.
O tal vez, es más fácil para ti creer que
"No hay hombres buenos" en vez de reexaminar
el tipo de hombre a quien decides darle tu tiempo y
hacer ahí los ajustes necesarios.
Tal vez... solo tal vez... así es como te has
condicionado para aceptar menos,
para que cuando finalmente te conformes,
no parezca tan mal.
Después de todo, tú sí dijiste que no hay hombres buenos...
¿verdad?*

Sé Honesta Contigo Misma

"La verdad es... Algunas de ustedes todavía están bajo el control del Hombre Equivocado de tu pasado... Tu simplemente no te das cuenta".

Todos tus miedos, tus dudas, tus sospechas, tu ira... tu pérdida de creer en un Buen Hombre y en el amor verdadero, son todos frutos de las manipulaciones pasadas del Hombre Equivocado. Entiendo... Yo lo entiendo, pero tienes que ser capaz de llegar a lo más profundo del interior en el centro mismo de tu esencia y tomar ese poder de él otra vez. Solo tú puedes hacer eso.

Todo comienza con que evalúes qué impacto negativo están teniendo sus acciones pasadas en tu comportamiento actual. Una vez que hayas identificado esas cosas, toma las lecciones y deja ir el resto. No continúes culpándote por eso; esto solo prolongará el dolor. Toma lo que puedas de la leccion y sigue adelante. Cuando logras superar el dolor... logras superarlo a él.

Tienes Que Creer

"Es difícil para ti estar abierta a aceptar al Hombre Correcto cuando no crees que existe en primer lugar".

Piénsalo de esta manera: Todos los médicos soñaron en ser médicos y lo creyeron antes de que se convirtieran en uno. Todo atleta profesional ha soñado en ser un atleta profesional y creyó antes de que se convirtiera en uno. Los sueños son imágenes de Dios enviados para mostrarte tus infinitas posibilidades.

El Hombre Correcto para ti existe; tu tienes que creer en él. Entonces, tus acciones (de no perder el tiempo en el Hombre Equivocado, no conformarte, elevar tus estándares, y prepararte, etc.) tienen que ser consistente con atraer al Hombre Correcto para ti y hacer que ese sueño se haga realidad. Si no puedes superar las etapas de soñar y creer, ¿cómo esperas que él se convierta en tu realidad?

No Te Rindas

*"No renuncies al amor porque
el Hombre Equivocado de tu pasado te lastimó.
¿Acaso no te das cuenta que eso es exactamente lo que él
quiere que hagas?".*

La verdad es... que él no quiere verte feliz. Él quiere que estés tan enojada y amargada que inconscientemente sabotees cualquier posibilidad de tener un nuevo amor al no darle una oportunidad a nadie, o tratando a todos los que conoces como si fueran él. Mientras tanto, él continúa con su vida, construyendo su futuro con otra persona, mientras tú te quedas miserable y estancada en los oscuros recuerdos del pasado. Repites sus palabras dolorosas, "Nadie te querrá", una y otra vez en tu cabeza, tantas veces que empiezas a créelo.

Ahora, estás haciendo el trabajo sucio por él. Él no tiene por qué odiarte porque ha logrado convencerte de que te odies a ti misma. ¡Detente! Entiendo que estás herida; entiendo que estás enojada y que tienes derecho a estarlo. Lo que estoy diciendo es que es injusto que te desquites contigo misma o con el próximo hombre. No estoy diciendo que olvidemos la lección que has aprendido, estoy diciendo que la apliques de una manera que te protege y al mismo tiempo no contamine tu relación futura con sentimientos antiguos. Tienes que encontrar un equilibrio. ¿Sospecharás? Claro... simplemente no lo hagas ser paranoico.

Tus Expectativas No Son Tu Enemigo

Algunos dicen que deberían iniciar una nueva relación con "Cero expectativas". Yo no estoy de acuerdo...

¿Por qué? Porque ese concepto solo funciona en papel. No puedes eliminar de tu corazón lo que tu corazón sabe que es el nivel de tratamiento que necesitas para ser feliz en tu relación. Es posible que lo puedas ignorar al principio; sin embargo, con el tiempo, si no estás recibiendo lo que necesitas, esto comenzará a destrozarte por dentro.

Por eso digo... evalúa tus expectativas y asegúrate que sean "razonables". Si son razonables, acéptalas por adelantado o acepta lidiar con ser tratada como una mujer que no tiene ninguna expectativa.

No Dejes Que El Miedo Bloque Tu Bendición

Muchas de ustedes han tratado con el hombre equivocado y sus mentiras por tanto tiempo que cuando finalmente te encuentras con el Hombre Correcto, la verdad suena a mentira y la sinceridad se siente como manipulación.

Cuando hayas sido lo suficientemente bendecida de haber conocido al Hombre Correcto, uno que te ama y respeta, que te trata como mereces ser tratada, empiezas a pensar que tiene que haber algo más... que las cosas son simplemente "demasiado buenas como para ser verdad". Ten cuidado. Tus miedos y sospechas podrían causarte rechazar tu bendición. No basado en lo que él "es", sino basado en tu miedo a lo que él "podría ser".

Mi querida Mujer Fuerte y Hermosa... Descansa tu mente. Cuando él es el Hombre Correcto y lo sientes profundamente en tu alma, todo lo que queda por hacer es dejar ir; Él está tratando de darte lo que sabe que mereces... lo mejor de él. Deja que lo haga.

¿Alguna Pregunta?

Ella dijo: "Sí... solo una.
Cuando te han defraudado en el pasado...
cuando tu corazón se ha roto hasta el punto en que tienes
miedo de volver a amar... ¿Cómo es que superas ese miedo?".

Mis pensamientos...Yo creo que primero tienes que tomar un tiempo para ti misma. Durante ese tiempo, mira todas las lecciones del pasado. Aprende de ellas y deja ir el resto; usa esas lecciones para construir una "Tú" más fuerte y más informada para el futuro. Una vez que estés lista, podrás seguir adelante; sin embargo, mientras te aferres al miedo, te quedarás detenida... incluso cuando no tienes que hacerlo.

Recuerda, el miedo se basa en tu percepción de las cosas. Si puedes cambiar la forma en que miras tu pasado, puedes cambiar la forma en que ves tu futuro. Ese cambio te ayudará a pasar de tener "miedo" a ser "cautelosa".

Piensa en ello como las llamas en tu estufa; ¿acaso les tienes miedo o eres cautelosa? Sabes que esas llamas pueden quemarte gravemente, pero no tienes miedo de cocinar; simplemente tienes cuidado al cocinar. Incluso si te has quemado en el pasado, no te rindes en seguir comiendo. ¿Por qué? Porque sabes que la comida alimenta el cuerpo. Bueno, lo mismo se aplica aquí. No deberías renunciar al amor porque el amor verdadero alimenta el alma... solo sé un poco más cautelosa.

* * * *

CAPÍTULO
Ocho
RESPIRA

Mi querida Mujer Fuerte y Hermosa...
Cierra los ojos por un momento y respira.
Inhala toda la fuerza, el poder y el coraje
que necesitas para dejar ir y seguir adelante.
Ahora exhala todos los dolores, las frustraciones,
y las penas que han pesado tanto
en tu corazón... Solo respira.

Da Vuelta A La Página

*Has estado corriendo por tanto tiempo que
ahora estás agotada...
Solo Respira.
Has entrado y salido de relación tras
relación buscando al Hombre Correcto, y todavía
no lo has encontrado... Solo Respira.
¿Y ahora qué?
Te rindes y te conformas.
Sacrificas lo que eres solo para estar con el Hombre
Equivocado y convertirte en quien él quiere que seas.
Y te preguntas por qué no puedes dormir por la noche...
te preguntas por qué tu mundo se ha vuelto tan oscuro que
ya no puedes ver tu propia luz.
Mi querida Mujer Fuerte y Hermosa... Solo Respira.
Este puede ser un capítulo en tu vida, pero de ninguna
manera, forma o figura es toda tu historia.
Da vuelta a la página, haz un cambio y
regresa a la gloria... Solo Respira.*

Él No Puede Detenerte

"Ni siquiera el Hombre Equivocado puede detenerte de que recibas tu bendición. Es posible que él haya sido justo lo que necesitabas para señalarte hacia la dirección correcta".

El camino hacia tu felicidad no será fácil; se necesita disciplina y concentración. A veces te cansas de la jornada y empiezas a pensar en conformarte con algo menos de lo que te mereces. Yo creo que el Hombre Equivocado te sirve como un recordatorio de por qué tienes qué seguir avanzando hasta llegar a tu destino. Él te sirve para recordar el dolor y las angustias cuando te has rendido y conformado.

Mi querida Mujer Fuerte y Hermosa, no te desanimes. Toma su lección y úsala para volver a concentrarte en las cosas que realmente te importan. Úsala como un recordatorio para que nunca más vuelvas a distraerte, para no volver a poner excusas por un hombre que sabes que no alimenta tu alma. Úsala como un recordatorio para que nunca más te vuelvas a detener, porque es más fácil detenerte que seguir adelante. Nunca te conformes; Ya casi llegas... ¡Mantente concentrada!

Un Lienzo En Blanco

Limpia tu corazón de toda la ira y la frustración
que dejó el Hombre Equivocado de tu pasado.
Borra su presencia de tu corazón para que cuando
te encuentres con el pintor correcto,
puedas presentarle un lienzo en blanco.
Uno que le permitirá la libertad de
pintar una nueva imagen...
una mucho más hermosa, más allá de cualquier
cosa que tu corazón jamás haya visto...
sin restricciones por tu pasado y con
las posibilidades ilimitadas que solo el amor
del Hombre Correcto puede traer.

Nunca Es Demasiado Tarde

"No importa cuánto tiempo haya pasado.
No importa que tengas unos años más de edad;
todas las cosas horribles que el Hombre Equivocado te
dijo cuando saliste por esa puerta por última vez, nada
de eso importa. Todo lo que importa ahora es que
finalmente eres libre para dejar brillar a la Mujer
Fuerte y Hermosa que está dentro de ti".

No estés triste y no tengas miedo. Este es tu momento... el momento en que decides que no estás pidiendo demasiado... que el amor, la confianza, y el respeto no son opciones sino necesidades, ese tiempo de calidad es importante para ti, y si un hombre no puede hacer tiempo, ¡no puede tenerte! Este es el momento en que tú decides que tu felicidad es una prioridad y si él no puede hacer que seas su prioridad, entonces continuar una relación contigo ya no es una posibilidad. ¡Este es tu momento de empoderamiento! Mi querida Mujer Fuerte y Hermosa, nunca es demasiado tarde para que tomes el control y cambies todo.

CAPÍTULO
Nueve
SIGUES SIENDO HERMOSA... SIGUES SIENDO FUERTE

"Uno de los sonidos más hermosos que he escuchado es el sonido de la voz de una Mujer Fuerte y Hermosa cuando ella ha descubierto su verdadero valor. Ella suena empoderada, ella suena segura, pero sobre todo... ella suena libre".

Conoce Tu Valor

"El hecho de que el Hombre Equivocado no vio tu valor, no significa que no valgas la pena".

Recuerda esto: Un ciego pasará por delante de un millón de dólares y un tonto lo desperdiciará, eso no cambia su valor; sigue siendo un millón de dólares.

Mi querida Mujer Fuerte y Hermosa... ¡Conoce tu valor! No permitas que su inhabilidad de verlo o su falta de aprecio por ello, te hagan dudar de tu propio valor. Independientemente de sus pensamientos, independientemente de sus opiniones... tú siempre valdrás la pena.

Mantén La Cabeza En Alto

"Aunque quizás sientas que quieres rendirte...
como si el peso del mundo estuviera sobre tus hombros
y nadie puede escuchar tus gritos,
Mantén la cabeza levantada, respira profundo y
solo debes saber... ¡Que tú puedes hacerlo!".

Lo que sea que estés pasando, puedes superarlo. Todos los días, cuando te despiertes, dite a ti misma: "Hoy, prometo luchar contra el impulso de dejarme consumir por completo por mi pasado y de enfocarme en hoy y en mi futuro. Prometo sonreír, prometo reír, prometo luchar como loca hoy para que mañana pueda sonreír un poquito más fácil... reír un poco más fuerte y estar un paso más cerca de ser finalmente libre".

Tú Eres La Bendición

*Como una Buena Mujer, sé que a veces te
frustras mucho y te pones a pensar:
"¿Por qué debería ser una Buena Mujer alrededor
de todos estos Hombres Equivocados?".
Te preguntas si solo sería más fácil ser como
esas "otras" mujeres.
Entonces, tal vez no dolería tanto.
Mi querida Mujer Fuerte y Hermosa...
Tú eres quién eres porque cuando Dios llamó,
fuiste una de las pocas que contestó.
No le des la espalda ahora.
Eres una luz muy necesaria en un espacio muy
frío y oscuro. Quién eres y quién representas
no se puede olvidar ni borrar...
MANTENTE FUERTE.*

No Estás Atada Por Los Límites De La Mente De Un Hombre

No dejes que nadie ponga límites en ti.
Entiendo que cada cultura es diferente y que diferentes lugares tienen diferentes reglas;
sin embargo, creo que tu valor, como Buena Mujer, no cambia según la geografía.
Es posible que algunos no reconozcan tu valor, pero eso no lo cambia. Nadie tiene el poder de cambiar tu valor, solo tú.
Verás... no se trata de lo que ellos digan se trata de lo que tú crees.

Ella Necesita Escucharlo Primero De Ti

La próxima vez que pases frente al espejo;
detente por un momento y mira a la mujer
que está parada delante de ti y sonríe.
Dile que es hermosa...
Dile que la amas...
Dile que estás orgullosa de ella y
de lo lejos que ha llegado. Dile: "No importa
cuánto duden ellos, yo siempre creeré en ti".
Ella necesita escucharlo de ti antes de que pueda significar
algo que proviene de alguien más.

Tienes Que "Creerlo" Para "Verlo"

Algunos dicen,
tienes que "Verlo" para "Creerlo".
Yo digo,
tu primero tienes que "Creerlo", antes de poder "Verlo".
¡Así que debes creer!
Debes creer que eres Hermosa...
Debes creer que eres Fuerte...
Debes creer que eres verdaderamente digna de todo el amor y respeto que una Buena Mujer merece.
¡Créelo!

Eternamente Hermosa

*No es necesario que te sientas acomplejada
por alguna parte de tu cuerpo.
La única razón por la que ves estas partes como
imperfectas es porque te han enseñado a creer que la
verdadera belleza no se puede lograr por completo hasta
que te pareces a otra persona que la sociedad
dice que es hermosa... No estoy de acuerdo.
Creo que la verdadera belleza proviene del hecho de que
fuiste perfectamente creada por las manos de Él,
quien es mucho más grande que cualquier hombre.
Eso en sí mismo, te hace más hermosa que
cualquier cosa que el hombre mismo pueda crear.
Por eso digo, abraza tu singularidad y debes saber que
nunca ha habido y nunca habrá otra igual como tú;
eres una en un para siempre, y eso es lo
que te hace... eternamente hermosa.*

Digna Del Sacrificio

Tu sigues siendo hermosa...
desde la cabeza hasta los pies...
Desde el sonido de tu voz hasta tu forma de pensar.
Es todo sobre ti
lo que te hace maravillosamente única.
el Hombre Correcto para ti subiría hasta la misma cima.
Y cuando finalmente llegue arriba,
exhausto, pero todavía de pie,
entonces y solo entonces puedes confiar y creer que
estás en presencia de un hombre que
está dispuesto a sacrificar todo solo para demostrarte su amor.

Recuerda Tu Sueño

Todas ustedes tienen un sueño...
algo que nació en ti cuando eras pequeña y que
todavía arde en lo más profundo de tu alma.
¿Qué es?

Algunas de ustedes puede que lo hayan olvidado. Estoy aquí para recordártelo. Busca un lugar tranquilo, cierra los ojos y escucha. Escucha su risa. Escúchala cantar; recuerda cómo es que te sentías cuando eras niña y solo soñabas. ¿Cómo se ve ese sueño? ¿Cómo se siente ese sueño y acaso estás trabajando para lograrlo o contra él? No es necesario que respondas ahora mismo; Solo quiero que pienses en ello.

¿Cuál Es Tu Propósito?

Mi querida Mujer Fuerte y Hermosa...
¿Cuál es tu propósito?
¿Por qué estás aquí?
Muchas no lograron llegar aquí para
ver el hoy, pero aun así tú lo hiciste.
¿Por qué?
Hay algo grande dentro de cada una de ustedes.
Ustedes tienen un hermoso propósito.
¿Sabes cuál es ese propósito?
Creo que yo he encontrado el mío;
me tardé un tiempo, pero creo que lo he encontrado.
Dime, ¿qué hay en tu corazón?
¿Cuál es tu propósito?

Admirar Desde Lejos

*Algunas de ustedes han pasado por todo...
decepciones, desamor, traición... todo.
Algunas noches, mientras me siento a escribir y leo
cientos de sus comentarios, me pregunto cómo lo hacen.
La fuerza que se debe tomar para seguir de pie,
día tras día, sosteniendo tu cabeza en alto
Y rehusándote a estar rota.
Eres verdaderamente inspiradora.
Te miro de lejos, y aunque no sé
quién eres, te admiro.
Admiro tu fuerza;
Admiro tu valentía, admiro la esencia misma
de lo que representas:
la Mujer Fuerte y Hermosa.*

Entre Tú Y Yo

Yo no quiero motivarte,
quiero inspirarte...
Inspirarte a mirar hacia adentro y a que encuentres
tu grandeza interna...
para recordarte tu fuerza verdadera
para que mucho después de que se haya dicho mi último
pensamiento y se le haya dado vuelta a la última página,
Por siempre sabrás que
eres una Mujer Fuerte y Hermosa
y eso nadie nunca te lo podrá quitar.
Nadie.

CAPÍTULO
Diez
LA BUENA MUJER

La Roca
Del Hombre Correcto

Una Buena Mujer apoyará al Hombre Correcto para ella
aún si el pierde todo
(trabajo, casa, automóvil, carrera, etc.)
porque ella sabe, que mientras él no se pierda en
el proceso, tiene el poder de reconstruirlo; está en su ADN.
Eso fue una de las cosas que la atrajo a
él en primer lugar.

Todo hombre, en algún momento es derribado. Si no ha sido derribado al menos una vez, no se ha esforzado lo suficiente. La cuestión verdadera es si vuelve a levantarse o no otra vez. Si no lo hace, ese hombre ya no será un beneficio para ti, será una responsabilidad. Con el tiempo, tu amor se convertirá en frustración y eventualmente perderás el respeto por él.

Pero un hombre bueno y fuerte, es una historia diferente. Él tiene el poder de hacer la secuela mejor que la historia original y tú lo sabes. Esa es una de las cualidades que tanto amas de él.

Ella Se Niega A Jugar El "Juego"

Algunos creen que una Buena Mujer
necesita aprender a jugar algún tipo de "juego"
con el fin de conseguir a un Buen Hombre.
Mis pensamientos...
Creo que si tú, la Buena Mujer, permaneces fiel a
tu esencia, el Hombre Correcto algún día entrará a
tu vida y te amará y apreciará de la forma en
que tú te mereces.
No porque hayas aprendido a jugar el "juego",
sino porque te has mantenido fiel a quién eres y,
a diferencia de tantas otras, te niegas a jugarlo.
Eso es lo que te hace tan especial.
Sé paciente... Nunca te conformes.

Un Corazón Generoso

"El amor de una Buena Mujer es tan generoso que, incluso cuando no tiene nada, está dispuesta a intentar crear algo si eso ayuda al hombre que realmente ama".

Si es el Hombre Correcto, esta cualidad podría ser una de tus mayores fortalezas. Si él es el Hombre Equivocado, podría llegar a ser una de tus mayores debilidades. Por eso es tan importante que elijas al Hombre Correcto. Como Buena Mujer, tu corazón no te permitirá estar ahí parada y verlo luchar, te obligará hacer algo para tratar de ayudarlo. Quieres asegurarte de haber hecho una buena selección, porque cuando y si acaso llega ese momento, tu estés ayudando al Hombre Correcto y no siendo utilizada por el equivocado.

Imperfecta, Pero Siempre Vale La Pena

"Como Buena Mujer, no siempre serás perfecta, pero en los ojos y en el corazón del Hombre Correcto, siempre valdrás la pena".

Una Buena Mujer es insustituible y el Hombre Correcto lo sabe. Sabe que hay muchas sustitutas; sin embargo, no hay un reemplazo digno a eso que es real. Para él, tú eres eso que es real. Eres digna del sacrificio, digna de toda la lealtad, amor y respeto que su corazón pueda dar. En su mente... él no tiene ninguna duda.

El Poder De Transformar

*No dejes que los errores del Hombre Equivocado te
quiten una de las cosas más preciosas de ti...
tu creencia en el amor verdadero.
El amor verdadero de una Buena Mujer es poderoso
para el Hombre Correcto... es transformador.
Tiene el poder de hacer que el Hombre Correcto se ponga
de pie y continúe incluso cuando siente que no puede
continuar más.
En los viejos tiempos, luchábamos por ello.
Hoy en día no hay duelos, no hay luchas a muerte.
Hoy, el Hombre Correcto simplemente se humilla,
inclina la cabeza y reza por ello.
Rezo para que nunca cambies eso de ti.*

Un Momento De Claridad

*Me han preguntado qué quiero decir cuando digo
"Una Buena Mujer".
Mi querida Mujer Fuerte y Hermosa...
Me refiero a que seas "Tú".
Honesta y pura, imperfecta, pero perfectamente "Tú".
No afectada por la pérdida moral del mundo y
verdaderamente conectada con tu esencia espiritual.
Eres verdaderamente un ser hermoso;
acepta eso de ti.
No será fácil, pero eso es lo que hace que tu corazón sea
un hermoso lugar de paz en un mundo
tan desordenado.
Cuando digo "Una Buena Mujer"
Me refiero a la Mujer Fuerte y Hermosa
que vive dentro de ti.*

CAPÍTULO
Once
CONOCIENDO LA DIFERENCIA

A veces, que tu conozcas la diferencia podría hacer toda la diferencia en el mundo.

Jugando A La Casita

Algunos hombres quieren "jugar a la casita".
Quieren estar en una relación
pero no quiere pasar tiempo contigo.
Ellos quieren dormir contigo
pero no quieren comprometerse contigo.
Ellos quieren todos los beneficios
sin ninguna de las responsabilidades.
Sin embargo, el Hombre Correcto
no trata de "Jugar a la casita"
él trata de trabajar contigo para construir una.
Un lugar de paz y seguridad donde todas tus
preocupaciones se detienen en la puerta principal.
El Hombre Correcto busca crear un amor tan real que
sentirás su corazón lo suficientemente digno como para
hacerlo tu hogar.

¿Él Le "Agrega" O Le "Quita" A Tu Felicidad?

"El Hombre Correcto para ti aumentará tu felicidad...
El Hombre Equivocado te la quitará constantemente".

La parte clave aquí es "quitar constantemente..." Piensa en ello... cada relación tiene sus altibajos, eso es normal. Sin embargo, si pasas la mayor parte de tus días llorando o molesta por lo que ha dicho o por la forma en que te está tratando, es posible que quieras reconsiderar si él es o no el Hombre Correcto para ti.

Mis pensamientos... cuando un hombre te ama de verdad, te edifica, no pasa su tiempo constantemente tratando de destrozarte.

Compartir La Carga

Damas...
El Hombre Correcto compartirá la carga...
El Hombre Equivocado se convertirá en una.

¿Alguna vez has estado bien sola y luego conociste a un hombre y, de repente, la vida se te volvió difícil... como si la única cosa que trajo a la relación fue carga extra que ahora espera que tú cargues? Algunas de ustedes han estado ahí; algunas de ustedes todavía se encuentran ahí ahora.

Mi consejo: ¡Deja de cargar a estos hombres adultos! Cuanto más tiempo lo cargues más débil se volverá. Al final del día, te quedarás con un hombre débil que dependerá de ti para todo. La parte triste de esto es, que cuanto más tiempo lo cargues a él, más obligada te sentirás a continuar. ¿Es eso lo que realmente quieres? Solo es algo en lo que debes pensar.

Lista O No

Mi querida Mujer Fuerte y Hermosa...
No debes aceptar a ningún hombre como "tu hombre"
hasta que él te demuestre que está listo para aceptar
todas las responsabilidades que conlleva ese puesto.

El Hombre Correcto sabe que no se trata de quién puede tener más mujeres, se trata de quién puede prepararse, como hombre, lo suficientemente bien como para hacer que una Buena Mujer quiera quedarse... esa es la clave.

Recuerda, tú no eres igual que todas... eres diferente.

El Hombre Correcto para ti no solo buscará un "buen momento". Busca comprometerse contigo y brindarte estabilidad, confianza, lealtad, amor y respeto. Si un hombre no está dispuesto a darte estas cosas, simplemente no está listo para ti.

CAPÍTULO *Doce*
RECUERDA ESTO...

Quién "es él" y quién "quieres que sea él"
a veces son dos personas diferentes.
No puedes culparlo por ser el hombre que él elige ser.
Solo puedes tomar una decisión sobre si el hombre que él
elige ser es el hombre que tú quieres en tu vida.

Química

Mi querida Mujer Fuerte y Hermosa,
Recuerda esto ...
La química no es igual al "Amor".
La química no es igual a la "Lealtad".
La química no es igual a la
"Confianza o Compromiso".
La química es igual a la "Atracción".
La atracción sin amor, lealtad, confianza y
compromiso no equivale a absolutamente nada.
Al final, la química puede ser lo que inicialmente
los une a los dos,
pero es el amor, la lealtad, la confianza y
el compromiso lo que
evitará que las cosas se derrumben.

La dolorosa Verdad Sobre El Sexo

"Si él quiere sexo y tú quieres una relación,
pocas veces funcionará para ti al final.
¿Por qué?
Porque sin importar si le das o no lo
que él quiere, él nunca te dará lo que tú quieres".

Mi querida Mujer Fuerte y Hermosa, aquí está la verdad dolorosa: si todo lo que él quiere es sexo, que tú se lo des no lo hará mágicamente querer tener una relación. Simplemente no funciona de esa manera. Puede que se quede por un tiempo; sin embargo, cuando se haya cansado, aburrido o llegue una persona nueva, él seguirá su camino y no habrá nada que puedas hacer para detenerlo. ¿Por qué? Porque ya habrá obtenido lo que quería de ti y, en su mente, no habrá razón para quedarse.

De la misma manera, si todo lo que quiere es sexo y no se lo das, eventualmente lo buscará en otra persona. No porque seas menos mujer, sino simplemente porque nunca estuvo interesado en tener una relación contigo en primer lugar. Solo estaba interesado en el sexo, y donde el sexo está, él por seguro que lo seguirá.

Mis pensamientos... es por eso que es tan importante que te tomes tu tiempo para comprender mejor al hombre con quien estás tratando. Si quieres amor, respeto y compromiso, no te conformes con nada menos que un hombre que esté dispuesto a darte esas cosas. Nunca pienses que el sexo por sí solo eventualmente te llevará a él; solo te estarás engañando a ti misma.

Cuando Él No Escucha

"Un hombre que no está dispuesto a escuchar, es un hombre que no está dispuesto a cambiar".

Cuando Sí Escucha, Pero No Le Importa

"A veces, que él escuche no es el problema, es su motivo para escuchar lo que causa el problema".

El Hombre Equivocado te escuchará; sin embargo, él estará más preocupado con cuál será su respuesta en lugar de lo que realmente estás diciendo. Recuerda, cuando él es el equivocado, no le importa lo que tienes que decir o cómo te sientes, todo es acerca de él.

Sin embargo, el Hombre Correcto te escuchará ante todo para obtener una mejor comprensión de ti y tu perspectiva. Para él, cómo te sientes, tu salud mental y emocional son importantes. Sabe que cuanto mejor lo comprenda, mayores serán las posibilidades de que su respuesta sea más propicia para una solución en lugar de agravar el problema.

El Hombre Atrapado En El Medio

*"Cómo puede ser que un hombre sea tan bueno,
y aun así tan equivocado para ti, todo al mismo tiempo".*

El hombre más confuso que encontrarás alguna vez es el que todavía está en el medio. Es tanto el Hombre Equivocado como el Hombre Correcto en un solo hombre; es tanto el bueno como el malo, tus momentos más brillantes y tus horas más oscuras. Él es el primero en hacerte reír y el primero en hacerte llorar. Este es el hombre al que te será más difícil entender porque, por un lado, lo amas por la alegría, pero, por otro lado, lo desprecias por el dolor.

Entonces, ¿Qué haces? ¿Cuánto tiempo estás dispuesta a permanecer en su montaña rusa emocional antes de que te enfermes del estómago? Un mes, dos meses... ¿dos años? ¿Cuánto tiempo antes de que te des cuenta de que no puedes hacer esto para siempre… que literalmente te está enfermando por dentro. ¿Cuánto tiempo?

Recuerda, ningún hombre es perfecto. Al final, el Hombre Correcto para ti a veces puede hacerte enojar, pero nunca debería enfermarte.

La Verdad Sobre El Tiempo

El tiempo es tu mejor amigo y tu peor enemigo.
Tu mejor amigo porque necesitas tiempo para
determinar si es o no el Hombre Correcto para ti...
Tu peor enemigo porque dentro de ese
mismo período de tiempo, si no tienes cuidado,
cuando te des cuenta de que él es el Hombre Equivoca-
do para ti, ya habrás desarrollado sentimientos por él
de los que es difícil alejarte.

Mis pensamientos... ten cuidado con cuánto derribas tus muros durante el período inicial de citas. Recuerda, la mayoría de las veces, el Hombre Equivocado no se presentará a sí mismo como el Hombre Equivocado desde el principio; lo hará gradualmente durante un período de tiempo. Tienes que prestar atención. No estoy diciendo que debas ser fría o totalmente desconectada durante este tiempo; estoy diciendo que comprendas esta dinámica y equilibres cuidadosamente tus acciones en consecuencia.

Su Atención

"La única cosa por la que nunca deberías tener que luchar es su atención".

Cuando es el Hombre Equivocado para ti, te encontrarás compitiendo constantemente con todos y con todo lo demás. Te sentirás muy frustrada porque, como Buena Mujer, estás dispuesta a asegurarte de que él sepa que es una prioridad en tu vida, pero él nunca podrá hacer lo mismo por ti.

Sin embargo, el Hombre Correcto; nunca te hará luchar constantemente por su atención; hará todo lo posible para asegurarse de que siempre sepas que eres una prioridad en su vida. Esto no significa que nunca surjan otras cosas que requieran su enfoque o su atención, simplemente significa que cuando esas cosas surjan, porque él ha sido constante y te ha comunicado el cambio en los eventos, ustedes dos permanecen en la misma página y no hay motivo para que tu dudes.

A Veces, Un "Lo Siento" No Es Suficiente

Algunos hombres creen que solo porque se disculpan, ellos tienen de manera instantánea derecho a tu confianza otra vez. Estoy en desacuerdo...

Si ha hecho algo que ha arruinado totalmente tu confianza en él, no debe esperar que actúes como si nada hubiera sucedido ni debes sentirte obligada a confiar instantáneamente en él de nuevo. El debería tener que trabajar para reconstruir tu confianza.

Si no está dispuesto a esforzarse, esa disculpa no fue sincera y él no se toma en serio seguir adelante.

La Venganza No Siempre Es Dulce

Podrías estar molesta... Podrías estar frustrada...
Podrías estar tan enojada que podrías gritar
con toda la fuerza de tus pulmones...
tan fuerte que el mundo mismo sentiría tu dolor, pero
lo que nunca debes hacer es hacerle al
Hombre Equivocado lo que él te ha hecho a ti.
¿Por qué?
Porque si lo haces te conviertes en
aquello que tanto desprecias.

No Eres Paranoica

Si no confías en nadie ni en nada más,
confía en la voz dentro de ti;
está ahí por una razón.
El Hombre Equivocado puede decirte que estás siendo
"paranoica" o que es solo tu "imaginación", pero
en el fondo...
Sabes que es mucho más que eso.

La energía habla mucho más fuerte que las palabras. Cuando ese sentimiento interior es tan fuerte que no puedes ignorarlo, cuando te persigue en tus sueños y simplemente no te deja descansar... cuando se retuerce y da vueltas en lo profundo de tu estómago hasta que literalmente comienzas a sentirte físicamente enferma, no lo ignores. Está intentando decirte algo.

Intuición

Mi querida Mujer Fuerte y Hermosa...
Has sido bendecida con el don de tener una
conexión divina con un poder mucho mayor que
el tuyo, pero decides ignorarlo.
En cambio, eliges creer las palabras de la
misma lengua de la que tu conexión divina estaba
destinada a protegerte... ¿Por qué?
¿Acaso tu adicción al amor es tan fuerte que incluso
cuando él es el equivocado, aún lo ves bien...
¿Que incluso cuando está obscuro, todavía puedes ver
la luz de las infinitas posibilidades que su amor podría
traer si él simplemente hiciera lo correcto?
¡SÍ, dicen todas ustedes!
Solo debes saber que a lo que el Hombre Equivocado
llama amor, tú lo llamas, dolor y si tan solo cerraras
los ojos y escucharas por un momento, oirías
que tu intuición ha estado
tratando de decirte exactamente lo mismo.

Cambio Real

El cambio real en un hombre requiere tiempo.
Si alguna vez terminan y él inmediatamente vuelve
contigo y te dice que ha cambiado... ten cuidado.

Ese tipo de cambio generalmente solo dura unos días... tal vez unas semanas o unos meses, entonces estás de vuelta donde empezaste.

Piénsalo por un minuto... En el pasado, cuando terminabas más de 1 o 2 veces con el mismo hombre, generalmente era por un comportamiento similar. Eso es porque en realidad él nunca cambió. Te dijo lo que pensó que querías escuchar y una vez que te recuperó, solo pudo seguir actuando durante un tiempo antes de que el mismo hombre con el que rompiste comenzara a aparecer otra vez.

Mis pensamientos... confía en tu intuición. Si no crees que ya ha cambiado (no que aún está en proceso de cambio, sino que ya cambió) ten cuidado. La llama que te quemó en el pasado todavía arde. ¿Estás dispuesta a seguir jugando con fuego?

Nunca Ruegues

Mi querida Mujer Fuerte y Hermosa,
Recuerda esto...
Nunca le ruegues a un hombre que se quede.
¿Por qué rogarle que se quede cuando su corazón
ya ha decidido irse?
¿Estás dispuesta a conformarte simplemente con su
presencia sabiendo en el fondo que su corazón
ya no es tuyo?
¡No! Te mereces algo mucho mejor.
Te mereces a alguien a quien no le tengas que
rogar para que se quede, porque te ama y aprecia
tanto que ni siquiera soñaría con irse.
No... Si ese hombre quiere irse, déjalo ir.
Nunca ruegues.

Su Viaje

*El Hombre Equivocado solo comenzará su viaje hacia
ser el Hombre Correcto cuando esté listo.
A veces, perderte a ti, la Buena Mujer, es necesario
para convencerlo de dar su primer paso.*

Piensa en esto por un momento: cuando pierdes algo y puedes recuperarlo, es una experiencia de aprendizaje. Cuando pierdes algo que nunca podrás recuperar, esa es una lección para toda la vida. A veces se necesita una lección de por vida para convencer a un hombre que cambie su vida.

Parte II
Para él

CAPÍTULO Trece
UN TIEMPO PARA REFLEXIONAR

"Ella ha intentado hablar contigo, pero no la escuchas.
Ella lloró hasta quedarse dormida por la noche,
pero no estás poniendo atención.
Ella ha intentado todo lo que está en su poder para que
le muestres que aún te importa.
La parte triste de esto es...
que es posible que no lo veas hasta que ella ya no esté ahí".

Ciego A Las Señales

Entras y sales de la casa,
y aún no lo ves.
El dolor en sus ojos, la tristeza en su voz
el cambio en su postura...
está todo ahí, mirándote a la cara,
y aun así no lo ves.
estás tan centrado en "Ti" que ni siquiera la ves más.
Miras más allá de donde ella está mientras
pasas por su lado, totalmente consumido
con lo que se necesita para ser un proveedor,
no te estás dando cuenta de que estás perdiendo lentamente
a la única persona por la que estás tratando de proveer.

Mis pensamientos... encuentra un equilibrio. El hecho de que seas un proveedor exitoso no tiene por qué ser a costas de ella. Puedes tener éxito en lo que haces y aun tener una relación sana con ella. Se trata de que encuentres un equilibrio que funcione para ambos.

Antes De Que Sea Demasiado Tarde

Cuando ella lo menciona una vez,
dices que se está quejando.
Cuando lo menciona dos veces,
dices que está regañándote.
Cuando llora por eso,
dices que está siendo demasiado sensible.
Mi buen amigo, déjame preguntarte esto,
cuando ella se vaya... ¿qué será entonces?

Piensa en esto por un minuto... ¿Por qué? Porque nosotros a veces no pensamos en este proceso hasta que llegamos a la pregunta final, y para entonces, a menudo ya todo esta tan mal que es casi imposible de solucionar.

Mi esperanza es que, si estás en algún lugar antes del final, te detengas y abordes el problema antes de que sea demasiado tarde.

Entre Líneas

*Ella estaba enamorada de ti,
pero tú estabas demasiado ocupado jugando juegos
como para verlo. Ella hubiera hecho cualquier cosa por ti,
pero tu ego era tan grande que te habías convencido
de que no lo necesitabas. Ahora que ya pasó tiempo desde
que ella se fue y has terminado de golpearte el pecho y de
decirle a todos tus amigos que no te importa, por fin ha
llegado el día que empiezas a darte cuenta de que dejaste ir
lo mejor que te ha sucedido... como huellas cubiertas por la
nieve del invierno, ella se ha ido.
Y no tienes a nadie a quien culpar más que a ti mismo.*

Como hombres, no siempre nos gusta admitir que, a veces, lamentamos ser el hombre que alguna vez fuimos... que hay momentos en que deseamos poder tener la oportunidad de hacerlo todo de nuevo. Si pudiéramos, lo haríamos de manera diferente.

Esa es una confesión que la Buena Mujer del pasado quizás nunca escuche, pero entre tú y yo... lo sabemos.

Mi Pérdida, Nuestra Lección

Ella dijo: "Nunca me escuchaste".
Yo dije: "Sí te escuché".
Ella dijo: "Dejaste de ponerme atención".
Yo dije: "Nunca dejé de ponerte atención".
Ella dijo: "Entonces, ¿por qué, cuando me acerqué a ti
acerca de lo que necesitaba, nunca cambió nada...?
¿Por qué cuando me acosté a tu lado
no pudiste sentir mi dolor?".
Yo estaba sin palabras.

Mi Buen Amigo... a veces pensamos que estamos escuchando, pero ¿acaso estamos realmente escuchando? Creemos que estamos poniendo atención, pero ¿acaso realmente ponemos atención? Solo pregunto porque he tenido que hacerme la misma pregunta, y la respuesta fue una verdad muy difícil de asimilar. Así que hoy dejo esto contigo con la esperanza de que mi pérdida pueda ser nuestra lección.

Las Temporadas Cambian... Entonces Nosotros También Podemos

Lo extraño es que...
A veces nosotros, como hombres,
trabajamos muy duro para conquistarla y luego no
hacemos nada para que ella quiera quedarse.
Entonces, cuando la perdemos, volvemos a intentar
hacer todo lo posible para recuperarla.

La pregunta es, ¿por qué debería ella aceptarte de vuelta? ¿Qué planeas hacer diferente esta vez? ¿Por qué debería ella creerte... simplemente porque lo dices? Recuerda, eso es exactamente lo que dijiste en primer lugar. ¿Por qué debería creer que esta vez será diferente?

Solo digo esto para decir que, cuando trates de

recuperarla, tus palabras no significan nada; todo está en tus acciones. ¿Por qué? Porque fueron tus acciones o tu falta de acción las que causaron que la perdieras en primer lugar.

NOTAS:

Escribe 3 cosas que crees que, si mejoras en ti mismo, aumentaría las posibilidades de que tu relación sea exitosa. Piensa en esto y no permitas que la idea de "así es como soy" te impida reflexionar y estar abierto al cambio en esas áreas.

1. _____

2. _____

3. _____

Recuerda… somos quienes somos porque eso es lo que elegimos ser. No hay nada de malo en que elijas ser una mejor versión de "Ti".

CAPÍTULO *Catorce*
UN NUEVO NIVEL DE ENTENDIMIENTO

*"Una Buena Mujer no está interesada en tu
dinero ni en tu estatus.
Lo que ella quiere de ti es tu tiempo,
lealtad, amor y compromiso".*

La Verdad Es...

Una Buena Mujer no es tan complicada.

La complicación proviene de algunos hombres que carecen de la paciencia, el deseo o la disciplina que se necesita para llegar a conocerla y comprenderla de verdad.

Es como intentar entender un libro de 300 páginas simplemente leyendo el resumen. Puedes aprender sus aspectos más destacados, pero nunca conocerás realmente su historia... no hasta que te sientes y te tomes el tiempo para conocerla.

Ella Quiere Un Hombre De Propósito

Una Buena Mujer no está interesada en "salir" solo por el simple hecho de tener "citas". Quiere ser cortejada por un hombre con un corazón genuino y un propósito honorable. En sus ojos, su tiempo es precioso y no ve ningún valor en simplemente salir con un hombre que no tiene ningún propósito.

Consistencia A Través Del Tiempo

"Ella no quiere que intentes impresionarla haciendo todas esas cosas maravillosas al principio, sabiendo que no tienes intención de continuarlas una vez que se haya enamorado de ti; eso es publicidad falsa".

Ella Necesita Más De Ti

Quieres darle tu tiempo,
pero solo los fines de semana.
Ella necesita más de ti.
Quieres comprarle un vestido hermoso,
pero nunca estás cerca para verla usarlo.
Ella necesita más de ti.
Tus mensajes de texto son agradables...
pero ella necesita más.
Tus llamadas nocturnas le dan esperanza,
pero sabe que hablar contigo por teléfono
significa que no estás con ella.
Ella necesita más de ti.
Verás, ella anhela tu presencia, no tus regalos.
Si le preguntas a ella, una Buena Mujer te dirá que
todas esas otras cosas son bonitas,
pero todo lo que ella realmente ha querido eres tú.

El Tiempo Que Has Pasado

*"Solo porque pasaste tiempo con ella ayer,
no significa que esté bien descuidarla hoy".*

En pocas palabras, se trata de equilibrio y de que obtengas una comprensión más profunda de las necesidades emocionales de la mujer con la que estás. Cada mujer es diferente; sin embargo, no hay muchas mujeres que estén de acuerdo con que las descuiden por completo durante un día entero. Puede actuar como si no le molestara las primeras veces, pero si el tiempo de calidad es importante para ella, no podrá ignorar ese sentimiento para siempre. En tu mente, puedes estar pensando que, porque pasaste todo el día con ella ayer, ella debería estar de acuerdo con que hagas lo tuyo todo el día de hoy. Amigo mío, eso puede sonar bien; sin embargo, es rara la vez que funciona de esa manera.

Mis pensamientos... averigua cuáles son sus necesidades emocionales en lo que se refiere al tiempo que requiere, y guíate por eso. Es posible que solo necesite una simple llamada telefónica o un mensaje de texto; puede que necesite más tiempo cara a cara. Cualquiera que sea la necesidad, depende de ti aprender y hacer los ajustes necesarios para satisfacerla. No te bases en lo que hiciste con tu última novia. Si lo haces, tendrás una probabilidad de 50/50 de estar completamente equivocado. Mejor, aprende a conocer a la mujer con la que estás ahora y aumenta esas probabilidades para que tengas el 100% de posibilidades de tener la razón.

Por Qué Está Molesta

"No está molesta porque no estés de acuerdo con ella;
está molesta porque siempre que no estás de acuerdo con ella,
tu tono es condescendiente y minimizas
su opinión. No estar de acuerdo es comprensible...
no tener en cuenta sus sentimientos y actuar como si su opinión
no importara es inaceptable".

Solo Arréglalo

*"No te disculpes y luego continúas haciendo lo mismo
una y otra vez... Solo arréglalo".*

Todos cometemos errores; eso es comprensible, pero debes saber que, si sigues haciendo lo mismo una y otra vez y sigues disculpándote por ello, tus disculpas posteriores no mejorarán las cosas, solo las empeorarán. ¿Por qué? Porque ella sabe que si realmente lo lamentaras, no habría necesidad de seguir disculpándote; ya habrías arreglado el problema. Ahora, tus subsiguientes disculpas comienzan a insultarla. Ella no solo está herida de que hayas hecho lo que hiciste, sino que también está enojada y frustrada porque sigues disculpándote y todavía nada ha cambiado. En resumen, has empeorado el primer problema y has creado un segundo.

Mis pensamientos... si le has hecho algo a la mujer que amas y estás realmente arrepentido y sientes que ella se merece una disculpa, entonces ella también merece que te tomes el tiempo necesario para corregir el problema. Sé que a veces es difícil dejar de lado el ego, pero piénsalo de esta manera... tu ego siempre estará ahí, pero si no haces esto bien, es posible que ella ya no esté.

Entenderla Es Parte De La Solución

"Ella no siempre está buscando que tu le encuentres una solución; a veces, todo lo que necesita es que la escuches y saber que la comprendes".

A veces, como hombres, nos vemos atrapados en la parte lógica de la conversación. Nos enfocamos solo en la solución y no vemos los aspectos emocionales del problema y cómo la están afectando. Cuando ignoramos esos aspectos, a menudo damos la impresión de ser emocionalmente fríos e insensibles.

Mis pensamientos... tal vez haya una mejor manera;

tal vez la respuesta esté, no tanto en la solución en sí, sino en nuestra comprensión del efecto que el problema tiene en ella emocionalmente. Al mostrar primero que la comprendes, tal vez eso reduciría sus sentimientos de frustración y, en última instancia, le permitiría estar más abierta a que trabajes con ella en la solución.

Conociendo Tu Papel

Como su hombre, ella necesita que conozcas tu papel.

Cuando llueve y ella necesita que seas fuerte,
espera que traigas un paraguas y la
protejas de la lluvia.
Sin embargo, cuando llueve y necesita que la apoyes,
espera que la tomes de la mano y bailes con ella en la lluvia.
Depende de ti conocerla lo suficientemente bien como para
saber cuándo bailar con ella en la lluvia
y cuándo protegerla de la lluvia.
Al final, no se trata de que puedas leer su mente,
se trata de que te tomes el tiempo para conocerla de verdad.

Escúchala

Escúchala...
Cuando ella entra a la habitación y no dice nada...
Escúchala.
Cuando se sube a la cama, se enrosca de su lado y
no dice nada... Escúchala.
Cuando ella te llama por teléfono y
está inusualmente callada... Escúchala.
Ella te llama emocionalmente con una voz
que nunca oirás si solo escuchas con tus oídos;
tienes que escuchar con tu corazón.
Cuando lo hagas, no solo la escucharás,
pero también la sentirás.
Ahora, todo lo que tienes que hacer es detener lo que
sea que estés haciendo y responder a su llamada.

Si le prestas atención, aprenderás mucho más a través de su comportamiento. A veces, ella no quiere molestarte. Tienes que ser capaz de sentir esos momentos y hacerle saber que no te está molestando y que estás interesado en lo que está pasando con ella. El simple hecho de que ella sepa que estás ahí para ella es a menudo suficiente para hacerla sentir mejor sobre lo que sea que esté pasando.

Superando Tus Miedos

Cuando tienes una Buena Mujer,
tienes que ser capaz de dejar ir tus miedos, dejar de lado tu ego y permitir que ella te ame con todo su corazón, mente, cuerpo y alma.
Cuando lo haces, su amor tiene el poder absoluto para, no solo sacar lo mejor de ti, sino que tiene el poder de cambiar la perspectiva de toda tu vida.
Solo tienes que estar abierto a cambiar la forma en que piensas sobre el amor. Deja ir la idea de que amar a una Buena Mujer es ser débil y abraza la idea de que el amor de una Buena Mujer es en realidad un elemento fundamental para la verdadera fuerza y poder de un Buen Hombre.

CAPÍTULO Quince

EXPRÉSATE

Ella no lo verá si no se lo muestras...
Ella no lo sabrá si no se lo dices.

No Más Suposiciones

Como hombres, a veces suponemos.
Nosotros suponemos que la Mujer Fuerte y Hermosa en
cada una de nuestras vidas sabe que
pensamos en ella todo el tiempo...
Nosotros suponemos que incluso cuando no lo decimos,
ellas saben que las amamos... Nosotros suponemos.
Suponemos que saben que pensamos que se ven hermosas
incluso cuando están teniendo uno de esos días y simplemente
no se sienten de esa manera... Nosotros suponemos.

Con toda honestidad, creo que todos podemos admitir que a veces, podemos ser un poco culpables de esto. Entramos a una habitación y vemos que tiene un nuevo atuendo o que se ha hecho algo diferente en el cabello y en nuestras mentes, estamos pensando, "Vaya, se ve increíble", pero no lo verbalizamos y nuestras acciones no le muestran lo que realmente estamos pensando. En cambio, salimos de la habitación todavía pensando que se ve increíble mientras ella se queda ahí sintiéndose totalmente invisible, decepcionada y defraudada. ¿Por qué? Porque en su mente, ni siquiera nos dimos cuenta.

Mis pensamientos... cuando lo pienses, dilo. Encuentra una manera de expresar el pensamiento tanto de forma verbal como física. Te quedarás sorprendido de lo que una simple señal de reconocimiento hará por ella.

Dicho esto, hoy tiramos todas las suposiciones, y encontramos el tiempo para decirle a la Mujer Fuerte y Hermosa en cada una de nuestras vidas, lo hermosa y verdaderamente maravillosa que es.

Recuérdale Hoy...

Nosotros, como hombres, no solemos decir la diferencia que el amor de una Buena Mujer ha hecho en nuestras vidas.
Seguimos avanzando con la relación
sin ni siquiera decírselo a ella.
Amigo mío, que le hables a ella de
lo que sientes no es una muestra de debilidad. En sus ojos,
es tu mayor demostración de fuerza. Si no has tenido esa
conversación con ella, estoy seguro de que le encantaría
escucharla. Si ya lo has hecho... recuérdaselo hoy.

Siéntete Orgulloso De Ella

*No tiene nada de malo que le digas que
estás orgulloso de ella.
No tiene nada de malo que le hagas saber
que estás orgulloso de todo lo que ha logrado.
No hay nada de malo que le digas que
estás orgulloso de la Mujer Fuerte y Hermosa en la que
se ha convertido... que estás orgulloso de todo sobre ella.
Sobre todo, no hay nada de malo que le digas que estás
orgulloso de ser su hombre.
No hay nada de malo en decírselo.*

Muéstrale

Dices que la amas...
entonces muéstraselo.
Y no le muestres cómo "Tú" sientes que debe ser amada.
Muéstrale la forma en que "Ella" siente que
necesita ser amada.
Una vez que te hayas tomado el tiempo para aprender y
comprenderla, comprenderás esto y las cosas tendrán
mucho más sentido.

Verás, a veces no tiene nada que ver con que ella sea irrazonable o que sus expectativas sean demasiado; a veces, tiene que ver con que simplemente pones toda tu energía en las cosas equivocadas. No porque esas cosas no sean genuinamente una expresión de tu amor verdadero, sino porque la mayoría de las veces, esas cosas simplemente no son lo que ella necesita para sentirse amada y apreciada.

Sé que puedes estar pensando: "Yo no leo la mente; lo he intentado todo. ¿Cómo se supone que le voy a expresar mi amor si nada de lo que hago parece funcionar?".

Mi buen amigo, la respuesta es sencilla... desecha todo lo que creas que funcionaría y comienza de nuevo con un lienzo en blanco. Recuerda, ella es única y todo lo que pudo haber funcionado en tus relaciones pasadas puede que no funcione con ella hoy.

Habla con ella. Obsérvala. Escúchala. Si pones suficiente atención, te dirá exactamente qué es lo que necesita de ti. Ya sea más tiempo de calidad o algo tan simple como tomar su mano; podría ser una llamada telefónica de cinco minutos cuando te despiertas y justo antes de irte a la cama para hacerle saber que ella es lo primero que tienes en la mente por la mañana y lo último que tienes en la mente por la noche. Sea lo que sea, si pones mucha atención, ella te lo dirá.

Ahora, depende de ti estar abierto a una nueva forma de expresarle tu amor. Puede que se sienta un poco diferente al principio, pero después de un tiempo, se convertirá en algo natural para ti.

Al final, ella recibirá mejor tus nuevas expresiones de amor y se sentirá con más confianza y más segura de lo qué sientes por ella y el estado de su relación.

Tu Conexión Emocional

El poder está en tu mirada...
Mientras la miras a los ojos y dices todo lo que sientes
en tu corazón sin siquiera decir una palabra.
Ella se siente como si...
en ese mismo momento dijiste tanto
y aunque no se escuchó nada,
ella sintió todo.
Verás, este es el verdadero poder de conectarse
emocionalmente con una Buena Mujer.
Cuando aprendes a comunicarte en su idioma,
ella comienza a comprenderte mejor;
ella comienza a quererte mejor.
Cuando puedas eliminar todas las dudas de su mente,
una Buena Mujer te amará para siempre.

Acaso Recuerdas...

Mi Buen Amigo...
¿Recuerdas el primer día en que te diste cuenta de que la amabas de verdad...
que ya no era un juego y que ella era la indicada?
¿Dónde estabas?
¿Qué estabas haciendo?
¿Alguna vez te has sentado y le has dicho cómo,
en ese mismo momento, ella había hecho lo que ninguna otra mujer ha podido hacer?
Que ella te hizo entender que ser vulnerable ante ella no era una debilidad sino, que fue tu mayor demostración de fuerza, confianza y convicción... que para que confiaras en ella significaba que eras lo suficientemente fuerte para superar tus miedos y lo suficientemente seguro como para confiar en que ella siempre te respaldara.
¿Alguna vez te has sentado y has tenido esa conversación con ella?
Eso es algo que ella necesita escuchar de ti.

Pensamientos Finales

Besos temprano por la mañana...
la mejor manera de enviarla al trabajo.

Llamada al mediodía o mensaje de texto ...
la mejor manera de recordarle que siempre está
en tu mente.

Besos al atardecer, oídos abiertos y
masajes en la espalda...
la mejor forma de darle la bienvenida a casa.

Mi punto...
No lo hagas más complicado de lo que
realmente es. Algunos días es así de simple.

Al final, encuentra una manera de expresarle lo que realmente sientes por ella. Ya sea uno de los métodos mencionados anteriormente o algo totalmente diferente, lo que sea que es... exprésate.

Parte III
Para Los Dos

CAPÍTULO Dieciséis
HACER QUE FUNCIONE II

Incluso si está "destinado a ser"
todavía tendrás que trabajar para que funcione.

Superando El Miedo A Ser Lastimado

*Tantas Mujeres Buenas han tratado con
el Hombre Equivocado, y tantos Hombres Buenos han
lidiado con la Mujer Equivocada
que, para cuando ustedes dos finalmente se conocen,
ambos se tienen miedo el uno del otro...
tanto miedo, que corres el riesgo de terminarlo antes de
que ni siquiera le hayas dado una oportunidad.*

El problema es que muchos de ustedes tienen miedo de salir lastimados y no le das a tu relación tu todo. Cuando uno de ustedes no lo da todo, la otra persona lo siente y comienza a cuestionar tu compromiso hacia la relación. Entonces, ella también se asusta de ser lastimada y también comienza a contenerse.

Ahora, comienzas a sentir que algo no está bien y comienzas a contenerte aún más. ¿Ves a dónde se dirige esto? Muy pronto, ambos se están conteniendo tanto que ninguno de los dos le está dando a la relación nada de lo que necesita para crecer y se comienza a morir. No porque no pueda funcionar, sino porque uno o ambos tienen tanto miedo de ser lastimados que dejas de intentar que funcione por completo.

Mis pensamientos... deja ir ese miedo. Nunca conocerás el verdadero potencial de tu relación si uno o ambos continúan cargando eso. Eventualmente ese peso les pesará a los dos.

Al final, si ustedes dos se han tomado el tiempo para conocerse de verdad y ambos están realmente interesados en crear algo absolutamente increíble juntos, deben poder confiar el uno en el otro. No pueden permitir que sus relaciones pasadas contaminen la actual. Toma las lecciones y deja el resto. Si esta relación es lo que quieres, tienes que confiar en que, darlo todo a la otra persona no es una apuesta, sino una inversión digna... que ellos tienen tu respaldo y tú tienes el de ellos. Ambos deben estar dispuestos a superarlo. Si ustedes dos lo pueden superar juntos, pueden hacer que funcione, pero se necesitará de los dos.

Se Necesitan Dos

Como Buena Mujer, tienes que poder
hablar con tu pareja para que él pueda entenderte mejor.
Y él tiene que estar dispuesto a escucharte.
Al mismo tiempo,
también tienes que estar dispuesta a escucharlo a él.
Recuerda, se necesitan dos.

Si él te entiende perfectamente, pero tú todavía no lo entiendes. ¿Qué has logrado? Sí, puede que te sientas mejor; sin embargo, él ahora se siente miserable. Eso te dará los mismos resultados desgarradores.

Mi querida Mujer Fuerte y Hermosa... de la misma manera que necesitas ser escuchada y sentirte comprendida por él, él necesita ser escuchado y sentirse como si es comprendido por ti.

Al final, para que funcione, será necesario que ambos escuchen, comprendan y pongan en acción todas las cosas necesarias para que las cosas sigan avanzando.

Los Tiempos Difíciles

*Cuando las cosas se ponen difíciles, no solo
se rindan el uno al otro.
Si el amor está ahí...
si el respeto está ahí...
si ustedes dos todavía están comprometidos
el uno con el otro
y quieren que funcione,
no solo te alejes.
Mientras luchen juntos, todo es posible.
Si uno o ambos se detiene...
todo se perderá.*

La Distancia En La Relación No "Simplemente Sucede"

A menudo escucho a personas decir,
"Con el tiempo... simplemente nos distanciamos".
Mis pensamientos...
No, el tiempo por sí solo no hizo eso.
El tiempo simplemente es un chivo expiatorio conveniente.
La verdad es que, con el tiempo, uno o ambos dejaron de hacer
las cosas que los unió y los mantuvo
juntos en primer lugar.
Ahí es donde radica el problema.

En una relación, la gente no "simplemente" se distancia; el tiempo por sí solo no causa eso. Es lo que ambos eligen hacer con su tiempo lo que determina el resultado final. Si dejan de comunicarse, si dejan de pasar tiempo juntos, si uno o ambos dejan de construir sobre la base en que se creó la conexión en primer lugar... "COMENZARÁS" a distanciarte. No solo por el "tiempo", sino por cómo uno o ambos eligieron usar ese tiempo.

Las relaciones nunca fueron diseñadas para funcionar en piloto automático; están destinadas para participar en ellas. Piénsalo: para aquellos de ustedes que tienen una creencia más alta, no solo oraste un día y descubriste que eso era suficiente para mantener tu conexión espiritual buena y saludable para toda la vida. No, estás trabajando constantemente para estar en armonía con tu fe y construir sobre ella todos los días.

Tu relación personal es similar. No puedes decir que, porque ya están juntos, todo el trabajo está hecho. Debes mantenerte enfocado y trabajar constantemente para estar en armonía el uno con el otro. Algunos pueden pensar que una relación no debería requerir tanto trabajo... que, si está "destinado a ser, lo será". Tengo noticias para ti... incluso aquellas cosas que están "destinadas a ser" requieren mucho trabajo.

Para que ustedes dos mantengan una relación saludable y siga creciendo, va a necesitar mucho trabajo duro, disciplina, enfoque y compromiso. El trabajo se vuelve más fácil cuando están trabajando juntos y no uno contra el otro.

Se Necesitan El Uno Al Otro

Algunos pueden decir,
"Si una Buena Mujer realmente ama a su hombre,
ella nunca se rendirá.
Ella seguirá luchando para que funcione, pase lo que pase".
Mis pensamientos...
Si un hombre te ama de verdad, no te hará luchar sola.
Él estará ahí trabajando contigo, codo a codo,
para hacerlo funcionar porque él sabe
que no es solo tu responsabilidad, ni tampoco es solo de él.
La responsabilidad les pertenece a los dos.
Si alguno de ustedes piensa que luchar solo es suficiente para
salvar la relación, están preparándose para terminar con el
corazón roto.
Si eres un Buen Hombre o una Buena Mujer,
solo debes saber...
Necesitas el uno como al otro para que funcione.

Sí Funcionará

Si ustedes dos quieren que funcione...
Si ustedes dos creen que puede funcionar...
Si ustedes dos simplemente deciden hacerlo funcionar
y se niegan a permitir que nada ni nadie se
interponga en su camino,
FUNCIONARÁ.
Puede que no siempre estés de acuerdo, y algunos días pueden
ser más difíciles que otros, pero si ambos son consistentes con
su amor, respeto y compromiso
el uno con el otro y a la relación...
FUNCIONARÁ.
Algunos creen "que pase lo que tenga que pasar".
Yo no estoy de acuerdo.
Ustedes dos pueden tomar una decisión para hacerlo funcionar.
O uno o ambos pueden estar ahí observando mientras falla,
pero nada "simplemente pasa". Es tu decisión...
Juntos, ustedes dos tienen ese poder.

CAPÍTULO *Diecisiete* MOMENTOS ÍNTIMOS

Ella solo quiere que la hagas sentir especial...
Ya sea un cumplido al azar, una mirada que diga:
"Pienso todo el tiempo en ti" o
simplemente sentarte junto a ella
poniendo tu mano sobre la de ella. Lo que sea que hagas,
ella está deseando que crees esos
pequeños momentos que pueda llevar en su corazón
para siempre.

MOMENTOS ÍNTIMOS

Toda Tu Atención

No necesitas mucho dinero para ser romántico;
No necesitas un automóvil elegante para llevarla a
un lugar en donde ella nunca ha estado.
Acaso no puedes ver, todo lo que ella necesita eres tú.
Ella caminaría hasta el parque
solo para sentarse en una banca junto a ti
si eso significara que podría tenerte solo para ella
por ese breve momento en el tiempo...
sin teléfonos celulares, sin redes sociales... nada.
Solo tu dándole a ella el 100% de toda tu atención.
Recuerda...
una Buena Mujer te ama por "quién eres"
y no por "lo que tienes".
Para ella, a veces puede ser así de simple.

Es Por "Eso" Que Ella Te Ama

A ella le encanta cuando haces "Eso".
Entonces, ¿qué es "Eso"?

"Eso" es el cumplido que le das
cuando menos lo espera.
"Eso" es la mirada apasionada que le das cuando
piensas que ella no está mirando, pero ella sí está mirando.
"Eso" es el tono de voz tranquilizador que usas cuando
ella está tan alterada que no puede ver bien.
"Eso" es la dulzura de tu caricia que le permite saber
que todo va a estar bien.
"Eso" es el amor y el respeto que le muestras
en todo lo que haces, todos los días.
"Eso" es por lo que ella te ama tanto
y reza para que "Eso" nunca cambie.

Sorpresas

No envíes rosas a su trabajo,
sorpréndela apareciéndote y llevándoselas
tú mismo.
junto con un jarrón y una tarjeta;
después, bésale la frente y dile
que tenga un día increíble.
No digas nada más después de eso,
simplemente da la vuelta y aléjate.
Ahora, antes de que se cierren las puertas
del ascensor, podrás vislumbrar esa expresión en su rostro
mientras sonríe de oreja a oreja porque su hombre acaba
de entrar y en 30 segundos o menos...
la dejó sin aliento.

Dos Hermosas Mentes Conectadas

Alguna vez te has preguntado...
al final del día, mientras está acostada en la cama
mirando hacia el techo...
¿Qué pasa por su mente?
¿Cuáles son sus pensamientos?
sus sueños, sus esperanzas... sus miedos?
¿Cuáles son las cosas que la hacen sonreír
simplemente al pensar en ellas?
Alguna vez te has preguntado...
¿Qué pasa por su mente?
Mis pensamientos...
Mientras está acostada ahí, acuéstate junto a ella
y mira el techo con ella.
Luego, pregúntale gentilmente,
"Mi querida Mujer Fuerte y Hermosa...
¿Qué pasa por tu mente?".

Toda Belleza Necesita A Su Bestia

Detenla en el pasillo,
sujétala contra la pared con
las manos sobre su cabeza y bésala como nunca
antes la habías besado. Después aléjate y
dile que todavía provoca la bestia que hay dentro de ti.

Hay un fuego en tu pasión... hay magia en tu acto espontáneo de intimidad.

Cuando es tu mujer y cuando ella menos lo espere, demuéstrale que todavía enciende ese fuego en ti; hazle saber que todavía tiene ese poder. Créeme cuando digo que al hacer esto, a su vez encenderás un fuego dentro de ella que le recordará el hecho de que, en tus ojos, ella no lo ha perdido... que la pasión sigue ahí, la atracción sigue ahí y que ella todavía tiene el poder de sacar la bestia en ti.

Cuando El Día Finalmente Termina

Cuando el día finalmente termina,
nada la haría más feliz que poder
apoyar su cabeza sobre tu pecho
y dormirse al sonido de los latidos del corazón
del hombre que ella sabe que realmente la ama y adora.

A veces, simplemente quedarse ahí acostado sin hacer nada puede significar absolutamente todo.

La intimidad no siempre tiene que ser física o si ella puede sacar a relucir la "bestia" en ti. A veces, se trata de dos almas que traen un sentimiento de paz interior la una hacia la otra, que no se puede encontrar en ningún otro lugar del mundo. Se trata de conectar a nivel espiritual con la persona que amas y adoras. A veces, es así de fácil.

NOTAS:

Para terminar, sé que no tengo todas las respuestas, pero a veces no se trata de que yo te dé las respuestas; a veces, ambos ya las tienen. Todo lo que necesitas es una chispa para encender la conversación que durante demasiado tiempo ha quedado en silencio. En algunos casos, lo único que se necesita es que una conversación vuelva a poner las cosas en marcha.

A continuación, te he dado un lugar para comenzar... el resto depende de ti.

_____

_____

_____

_____

_____

_____

Parte IV
Mi Capítulo Final

CAPÍTULO
Dieciocho
DESNUDO

A veces...
lo único suficientemente fuerte para hacer humilde
a un hombre fuerte es la mano de Dios.
Es en ese mismo momento... el momento en que Dios lo
quebranta hasta el centro de su misma esencia,
cuando un hombre se vuelve emocionalmente disponible.
El ego, aunque solo sea por un segundo,
ha sido derrotado y el espíritu de ese hombre está
completamente accesible, sin interferencias.
Mi querida Mujer Fuerte y Hermosa,
Bienvenida a mi capítulo final... "DESNUDO"

El Renacimiento De Un Hombre

Me caí del cielo y aterricé
siendo menos que el hombre que era.
Y aunque estaba enterrado bajo la arena,
tú aún me extendiste tu mano.
Tu voz...
tan suave como la brisa del verano.
Tu amor...
justo lo que necesitaba.
Mi querida Mujer Fuerte y Hermosa ...
Te debo más de lo que puedas imaginar...
Más de lo que mis palabras puedan mostrar.

Conversaciones Silenciosas

Si tan solo tus paredes pudieran hablar.
¿Cuántas veces me dirían que han tenido
que quedarse impotentes mientras te miraban
llorar hasta quedarte dormida?
Si tan solo tus paredes pudieran hablar.
¿Qué me dirían sobre el verdadero dolor del corazón y
las verdaderas luchas de la Buena Mujer?
¿Qué cosas me podrían ellas ayudar a comprender mejor
como hombre, y ¿qué cambios traería?
Si tan solo tus paredes pudieran hablar...
Me pregunto qué me dirían.

No Más Secretos

Tu dices que no te importa, pero
sé que sí te importa.
Dices que te da igual, pero
sé que sí te importa.
Mi querida Mujer Fuerte y Hermosa...
no puedes ocultármelo.
Cierro los ojos y siento lo que niegas;
siento todo lo que escondes.
¿Es esa mi mayor bendición,
o mi mayor maldición,
como hombre, sentir cuando dueles...
y para comprenderte cuando estés en tus mejores
y tus peores momentos?

Rezo Para Que Esto Te Encuentre

Todavía puedo sentir el calor de las llamas
que arden profundamente en el corazón y en el alma
de la Buena Mujer.
Siento el dolor y las frustraciones de tu corazón roto en el pasado;
Todavía puedo escuchar tus gritos en la oscuridad preguntando,
"¿Cuánto tiempo durará este dolor?".
En tus ojos, aunque sonríes,
todavía puedo ver el dolor a través del vaso roto.
Entonces rezo por ti: "Querido Dios...
Todo lo que pido es que traigas paz a su alma...
que su almohada se convierta en tu hombro cuando sus
lágrimas comiencen a fluir.
Por favor, hazle saber...
que sigue siendo Hermosa...
que sigue siendo Fuerte y que no está sola.
Recuérdale que en ella está el poder de soportar
y la fuerza para seguir adelante".

Hermosas Mariposas

Mi querida Mujer Fuerte y Hermosa...
Puede que no lo sepas, pero aún
me haces sentir mariposas.
Después de todo este tiempo, ¿puedes creerlo?
Todavía siento mariposas cuando me siento y te escribo.
Algunos pueden decir que eso me hace
parecer débil como hombre...
No estoy de acuerdo.
Creo que nuestra capacidad, como hombres, para ser honestos
sobre cómo nos sentimos, incluso cuando nos hace
sentir vulnerables es:
de hecho, nuestra mayor demostración de fuerza verdadera,
confianza emocional y convicción.
A todos los Hombres Buenos que lean esto,
si la amas...
si confías en ella...
no tengas miedo de demostrarle cómo te sientes realmente.
Ella necesita eso de ti.

La Mente De Un Hombre

¿Qué sucede dentro de la mente de un hombre?
Uno que ha sido tocado por la mano
y enterrado bajo la arena
para solo nacer otra vez.
¿Qué sucede dentro de la mente de un hombre?
Uno que mira fijamente su reflejo
buscando todas las respuestas a las preguntas
Que nunca antes le importo preguntar...
Uno que lucha por comprender los mismos conceptos que
nunca le había importado comprender.
¿Qué sucede dentro de la mente y el corazón de un hombre
en ese mismo momento en el que finalmente
decide cambiar...
cuando finalmente respira profundo y decide que las cosas
nunca volverán a ser igual?

Yo Creo

Muchos han dicho que no debería tratarte a ti,
la Buena Mujer, como si fueras un ser precioso...
Que yo trate tu corazón como algo
precioso y frágil está mal...
Que, ¿cómo es que puedo llamarte fuerte y al mismo tiempo
reconocer tu debilidad?
Ellos no te entienden.
Verás, es tu misma debilidad la que
define tu fuerza;
es tu capacidad para seguir creyendo en el amor verdadero
cuando tienes pocas razones para creer que existe.
Mi querida Mujer Fuerte y Hermosa...
Ningún hombre puede cambiar mi opinión sobre ti;
siempre serás preciosa y pura en mis ojos
porque creo que Dios nunca me mentiría.

El Caballero Oscuro

En algún lugar allá afuera,
hay una Buena Mujer esperando que
el Hombre Correcto entre en su vida y diga:
"Entiendo que tengas miedo.
Y aunque yo no soy la causa de tus miedos,
todavía me siento un poco responsable por tus sufrimientos.
Verás, toda mi vida te he buscado, y si hubiera podido llegar
a ti antes, podría haberte protegido de la lluvia;
Podría haberte protegido de todas las angustias al tener
que jugar los juegos del Hombre Equivocado.
Pero ya estoy aquí...
y ya no tienes que preocuparte por proteger tu corazón;
Puedes dejar ir esa carga.
Eso ahora es mi trabajo".

Te Encontré En Mí

Una de ustedes una vez me preguntó que cómo es que yo, como hombre, puedo comprender el corazón y el alma de la Buena Mujer... ¿Cómo?
La respuesta es... Realmente no lo sé.
Me siento a solas en un lugar oscuro, tranquilo y escucho la misma melodía una y otra vez.
Intentando encontrar tu espacio.
Conoces ese espacio a donde todas ustedes van y que no se puede olvidar o borrar.
Verás, aunque todas ustedes existen en diferentes países, diferentes culturas y son de diferentes orígenes, todas comparten algo especial.
Puede que no te des cuenta, pero sus corazones son tan similares que ni la raza, ni los antecedentes, o la cultura pueden separarlas. Su conexión es divina.
Y ese espacio donde todas ustedes se unen de alguna manera, de alguna forma... parece pasar por mi mente.

Hay algo realmente hermoso en verte crecer. Este viaje ha sido extraordinario. Me siento bendecido de que me hayas permitido ser parte del tuyo y me siento honrado de que hayas encontrado en tu corazón ser parte del mío.

Gracias

A mi querida Mujer Fuerte y Hermosa...
Leo cientos de tus correos electrónicos, mensajes directos, comentarios y cartas cada semana. Y, aunque no puedo responder a todas ustedes, cada carta que leo planta una semilla en la mente y en el alma de un hombre en crecimiento. Yo soy lo suficiente hombre como para admitir que no estoy ni cerca del hombre que soy capaz de ser... aún no.
Aunque lo sepas o no, me estás ayudando.
Doy gracias a Dios por ti, la Buena Mujer,
y con el tiempo...
muchos hombres en todo el mundo también agradecerán a Dios por ti.

Agradecimientos

Este es mi segundo libro y estoy emocionado y nervioso al mismo tiempo por lo que depara el futuro. Dicho esto, me siento bendecido y agradecido de que Dios me haya dado una segunda oportunidad para hablar contigo. Has continuado inspirándome y con la ayuda de Dios, continuaremos cambiando el mundo un corazón a la vez.

A todas ustedes que me siguen en mis diferentes plataformas, les agradezco su continuo apoyo. Por favor asegúrate de decírselo a una amiga y dejar una reseña en el lugar de compra. Puede que no lo sepas, pero tus reseñas y testimonios inspiran a otras Mujeres Fuertes y Hermosas en todo el mundo.

A mi editor, Black Castle Media Group Inc., gracias por todo. A mi familia y amigos, gracias por su amor y apoyo. A mi Padre... gracias por estar ahí. Te aprecio más de lo que te imaginas.

Por último, me gustaría decirle a mi madre: "Te amo. Hay una ternura en tu corazón que no hay palabras que puedan describir con precisión. De todas las madres que Dios podría haber elegido para mí... Por siempre estaré agradecido de que te haya elegido para ser la mía". Bendiciones.

Otros títulos publicados por
Black Castle Media Group, Inc. por Mr. Amari Soul

Reflexiones De un Hombre por Mr. Amari Soul
MEJOR VENDIDO

Versión Pasta blanda: (español) 978-0-9861647-4-3

Versión Kindle: (español) 978-0-9861647-5-0

Versión EPUB: (español) 978-0-9861647-6-7

Versión Audio: (español) 978-1-7338546-5-8

Made in the USA
Columbia, SC
17 December 2022